诗 意 图 鉴

奇境之国

［法］多米尼克·拉尼（Dominique Lanni）著

［法］卡琳·朵琳-弗罗热（Karin Doering-Froger）绘

陈阳 译

北京联合出版公司
Beijing United Publishing Co.,Ltd

作者简介：

多米尼克·拉尼（Dominique Lanni），民族学者和人类学学者，巴黎第四大学法语语言文学博士，马耳他大学副教授。

卡琳·朵琳-弗罗热（Karin Doering-Froger）毕业于法国国立应用工艺美术学院。在传媒公司工作十年后，她成为自由插画师，参与绘制了"诗意图鉴系列"多部作品的插图。

译者简介：

陈阳，北京语言大学翻译硕士，法语和英语译者、自由写作者。专注于文学和社科类图书翻译，已出版译著《密室推理讲座》《一个孤独漫步者的遐想》《人间食粮》《法老的宝藏》等。

献给斯特法妮

献给朱斯蒂娜、康坦、巴勃罗和迭戈

献给塞德里克

目　　录

传说中的"别处"　　9

欧　洲

坎迪亚岛　　14
基西拉岛　　16
奥杰吉厄岛　　18
特洛伊　　20

亚　洲

神　州　　26
西潘戈　　30
科尔基斯　　34
莫卧儿帝国　　38
戈尔康达　　42
卡菲里斯坦　　44
基墨里奥伊人的国度　　48
塔普罗巴纳　　50
鞑靼利亚　　52

非　洲

巴巴里　　58
博哈多尔角　　62
刚　果　　66
麦罗埃　　70
穆塔帕王国　　74

芒贝图王国　　78
祭司王约翰之国　　82
示巴王国　　86
尼罗河的源头　　90
好望角　　94

美　洲

阿劳卡尼亚　　100
锡沃拉　　104
黄金国　　108
亚马孙人的国度　　112
火地岛　　116

南方诸地

新基西拉岛　　122
未知的南方大陆　　126

边缘地带

至福岛　　132
赫斯珀里得斯圣园　　134
利莫里亚　　138
图勒岛　　140

致　谢　　143
注　释　　144

> 如尤利西斯般远行，
>
> 踏上如智取金羊毛般的探险之旅，
>
> 最终回归故里，饱尝风霜，历经世事，
>
> 余生与亲人共享天伦，如此实乃幸福之至！
>
> ——若阿基姆·杜·贝莱，《悔恨集》[1]

传说中的"别处"

地图的历史显著地体现了地理学科发展的进程。通过地图本身的设计细节，包括恰当的区域划分和图例注解，我们可以读出人类知识的空白、学者的质疑、问题和答案。借助旅行者和探险家的报告、回忆录和描述，地图愈发精确地划定各地区的边界，标明海洋与河流的位置，有时还会标出当地人。法国格言有云："远方传言好哄人。"在真实存在的地区内部或其周边，在地球上的各个角落，在多少有些久远的时代，都曾出现笼罩在神秘光环里的地区、国度、岛屿、大陆……它们抑或自汪洋大海中浮现，抑或骤然出现又消隐无踪，抑或笼罩在无尽的传说之中，抑或纯粹是梦的产物。

我们生活的世界有尽头吗？它的边缘究竟在何处？这些问题曾让古人绞尽脑汁。在他们眼中，人类居住的全部地区——已知世界——南至巴巴里、利比亚和埃塞俄比亚，东至科尔基斯和好客海，西至赫斯珀里得斯圣园[2]，北至图勒岛。

在西方，基西拉岛、奥杰吉厄岛、坎迪亚岛、特洛伊城之类的地方自古以来就被视为梦中之地。作为一场或许从未发生的战争的舞台，特洛伊令古代诗人心驰神往，后来又大大激发了神话学家、剧作家和考古学家的想象。受众神赐福的基西拉岛长期以来被视为爱情之岛。坎迪亚岛则是英雄之岛，是忒修斯与牛头怪物弥诺陶洛斯一决生死之地[3]。至于魔女喀尔刻居住的奥杰吉厄岛[4]，为了探索这座岛屿、确定它的位置，众多研究古希腊的学者手捧《奥德赛》，实现了穿越地中海的精彩旅程。

科尔基斯坐落在东方，是金羊毛的所在地，是栖居在地底隧道的辛梅里安人的黑暗国度。《马可·波罗游记》提到了数不尽的奇观，还有财富和黄金打造的宫殿。因为这部书的记载，契丹、西潘戈和印度成了不止一位旅行者的梦想之地。其中一位旅行者凭借强烈的直觉和追寻梦想的渴望，铸成了航海史上和地理大发现时代最严重却最富有成果的错误之一：倘若没有马可·波罗，克里斯托弗·哥伦布永远不会心生前往印度的梦想，也永远不会开辟通往另一个"印度"的航线——为了不让哥伦布的梦想破灭，他发现的土地被命名为"西印度群岛"。在17世纪，塔普罗巴纳被认为是亚当和夏娃曾经居住并向诱惑屈服的地方，据说至今这座岛的一座山上还有亚当的脚印，向心存疑虑的朝圣者提供不容怀疑的证明……俗话说得好："非洲总有新鲜事……"在古代和中世纪，巴巴里地区[5]承载着无数纷繁变幻的奇想，因为那时的它象征着一个18世纪及后世之人完全无法想象的非洲：一个富饶、辉煌、幸福的非洲。从那以后，欧洲人在很长时间里都不了解这片大陆，直到航海家恩里克带领船队穿过"恐惧之角"——博哈多尔角。航海者们一路发现的非洲有信仰基督教的土地——祭司王约翰的王国，有恢宏壮丽的帝国——麦罗埃王国，有蛮族和怪物横行的广袤领土——刚果、穆塔帕、芒贝图人的土地，还有一个遍地金矿的王国——示巴王国。黑非洲不是唯一让旅行者、宇宙志学者和空想主义者心醉神迷的土地。在数百年的时光里，尼罗河源头的确切位置一直是无数人苦苦寻觅的谜团，因为人们长久以来都相信，尼罗河的支流之一——基训河——可以通向天国……

新世界的传奇地带可能比非洲还要多，比如亚马孙人的国度、黄金国和锡沃拉的七座金城。对黄金的狂热啊，当我们的心智被你蒙蔽时，我们曾以寻找黄金的名义犯下过多少疯狂的罪行！皮萨罗、奥雷利亚纳、奥利德……他们不过是让第四大陆在血与火中沉沦的众多征服者之中的几位。这片大陆在天文学、数学、植物学等方面有如此多值得西方学习的知识，可征服者只想洗劫遍地黄金的城池，虽然这些城市只存在于编造传说之人的脑海里。

由于极度遥远或者歧路难行，世界边缘的土地往往被赋予诗意的神话色彩：在世界最西端的阿特拉斯山上，坐落着赫斯珀里得斯圣园；在已知世界的尽头，是至福岛的所在；极北之地有图勒岛；南海边缘有未知的南部大陆，人们相信它的质量与赤道以北各大陆恰好平衡；此外还有新基西拉岛，这座迷人的岛屿曾令布干维尔和他的同伴们以为自己发现了伊甸园……

本书将邀您踏上造访奇境之国的旅途，一路陪伴您的有历史学家希罗多德、斯特拉波、西西里的狄奥多罗斯，旅行家马可·波罗、克里斯托弗·哥伦布，征服者皮萨罗、奥雷利亚纳，还有小说家、涉猎广泛的作家和学者——海因里希·施里曼、维克多·贝拉尔、儒勒·埃尔曼。其中有些地方充满想象、纯属虚构，但借用诗人兼旅行者亨利·米修谈起诗集《别处》中的波德玛、大加拉巴涅和魔法国度时的话说，这所有的地方又是如此"无懈可击地真实"。

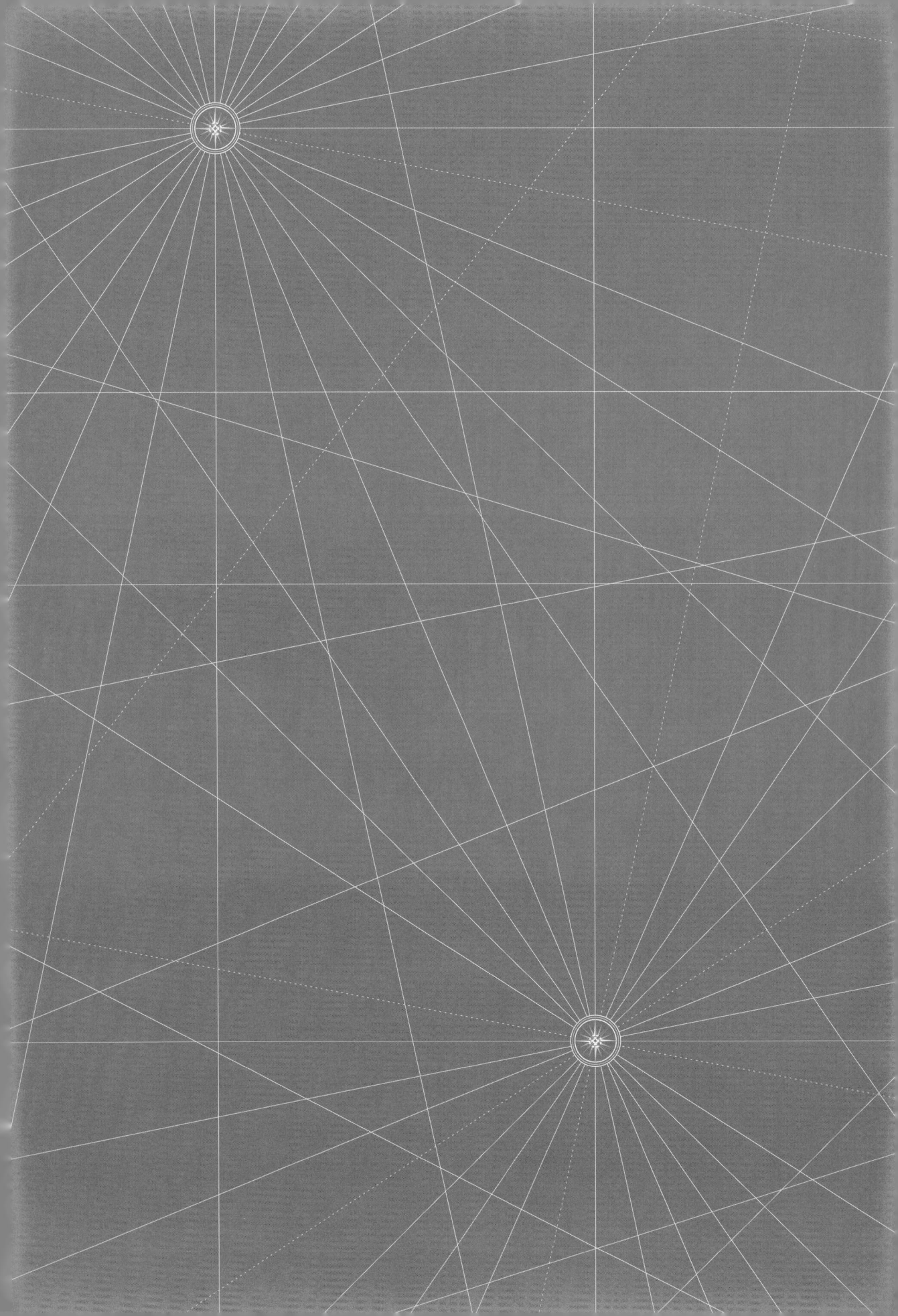

欧 洲

坎迪亚岛

极乐岛

坎迪亚,曾是数百年里人们对克里特岛的称呼。真正的历史几乎快要被人遗忘,而当地的民俗与由历史衍生出的神话却错综复杂地交缠在一起。谁能忘记克诺索斯的壁画?描绘海豚的蓝色颜料历经风霜却分毫未减,青年男子的形象线条优美,还有表现年轻男子抓住牛角从牛背上飞身跃过的斗牛场面,这一切都让今人叹为观止。多亏了希腊神话,旧日习俗才没有在数百年时光的打磨中消隐无踪。多亏了希腊神话,海神波塞冬向克里特国王弥诺斯赠送白色公牛、后来赫拉克勒斯又将其制服的故事才流传至今。对古代史的爱好者们而言,克里特岛还是英雄辈出的"至福岛",宇宙志学者弗朗索瓦·德·贝勒福雷明确写道:"古人认为这座小岛是所有英雄的起源。"正是在这片肥沃的土地上,代达罗斯奉弥诺斯之命建造起传说中那座著名的迷宫,将帕西淮与白色公牛交配生下的半人半牛的怪物藏匿其中。[6]

上百次遭到入侵,上百次得到解放,上百次被征服……许多个世纪以来,坎迪亚先后落入亚该亚人[7]、穆斯林、拜占庭人、突厥人和威尼斯人的手中。几经蹂躏,这片土地却依然以完整的面貌呈现在我们面前,与当年忒修斯除掉弥诺陶洛斯、赫拉克勒斯驯服白色公牛(波塞冬让这头公牛陷入疯狂,令整座岛屿心惊胆战)时别无二致,堪称历史上的一大奇迹。奇怪的是,神话仿佛未卜先知,似乎早就预见到了克里特岛由于位置孤立而屡遭劫掠的命运。

想要保持自由的民族时常遭遇克里特岛的处境。在古希腊,克里特人即使偶尔参与大陆上的冲突,也总是与雅典人和斯巴达人保持距离。尽管克里特人都是杰出的运动健将,但我们很少在古代奥运会上发现他们的身影。这座拥有无数自然资源的岛屿汇聚了上千年的生活艺术,从某种程度上说,它象征着世界的中心。这座岛在许多个世纪里不断沦为周边国家觊觎的对象,仿佛美好的事物注定要被玷污。

基西拉岛

欢愉与美好的代名词

西临地中海，东临爱琴海，基西拉岛看起来似乎只是伯罗奔尼撒半岛与克里特岛之间一个孤立的小点。与其微不足道的面积形成鲜明对比的，是它自诞生以来孕育了数不胜数的希腊神话故事，在许多个世纪里持续滋养着西方作家和画家的想象力。以赫西俄德[8]为代表的古代哲学家在讲述世界的创造时便提到了它。古人竟然将这片弹丸之地视为泰坦巨人族和爱之女神阿弗洛狄忒的诞生地，实在令人称奇。

在菲利阿摩斯海滩上稍走几步，来此漫步的旅行者便会被眼前的绝美风光深深震撼，意识到是什么点燃了古希腊人的想象力。凝望蔚蓝大海与猩红沙滩形成的视觉冲击，漫步者仿佛看到了古老神话中的场景：在几里之外的海面上，波涛吞没了天神乌拉诺斯被割断的阳具。而美妙绝伦的景致又或许让人联想到，阿弗洛狄忒曾在此地现身。在沉思冥想中，天空、爱情、海洋和神的精血再度融汇，让这段流传千百年、复述千百遍的神话在我们的脑海中重现。[9]气象万千的基西拉岛是天神乌拉诺斯、时间之神柯罗诺斯、大地女神盖亚等神明集会的重要地点，是古希腊人宇宙观里时间与空间的交会之处。赤足的阿弗洛狄忒选择在这座岛踏出第一步，使它成为凡人遐想中的永恒奇境。

为了庆祝女神的诞生，岛上的居民为阿弗洛狄忒建造了一座神庙，供奉这位司掌爱与美的女神。希罗多德[10]在其著作《历史》中提到了这座神庙的存在，还称它是由腓尼基人建造的。古罗马承袭古希腊的文化遗产，阿弗洛狄忒变成了维纳斯，这座与维纳斯渊源深厚的小岛在之后的数个世纪里依然是爱情与欢愉之岛。法国古典画家和作家竞相发挥想象，将围绕基西拉岛的纷繁奇想代代传承。看看让-安托万·华托[11]的《舟发基西拉岛》，这幅画将岛上的壮丽景色和充满神话色彩的美好描绘得淋漓尽致。岁月流转，如今基西拉岛只剩世人对爱情的憧憬，而在建有爱神神庙的岛屿上，这已是极致的幻想。

奥杰吉厄岛

卡吕普索的栖身之所

命运之神在某些地方表现得格外残酷,只为让它们免受人类的侵扰。千百年来,奥杰吉厄岛似乎从未有人居住——除了尤利西斯和美丽的卡吕普索。这位英雄在抵达阿特拉斯之女栖身的这座小岛时,还不知道自己将在此度过七年时光。老勃鲁盖尔[12]以《奥德赛》中的这段故事为灵感创作了一幅画,通过这幅画作,我们得以了解艺术家想象中的这座小岛是何等模样。画面中,在金色和绿色的掩映下,卡吕普索投身于尤利西斯的怀抱。女神栖身的洞口笼罩着无以言表的蓝色,为画面增添了几分庄重和温柔,更能衬托情人之间的缱绻爱意。对于这番情景,荷马曾吟诵:"即便是永生的神明,见后也会赞赏,悦满胸怀。"[13]

但找到这座岛的位置,却是个让人头痛的难题。许多人都提出过自己的想法。如果我们相信荷马的描述,那么这座岛上的植被与摩洛哥沿海地区十分相似。希罗多德认为它位于直布罗陀海峡靠近非洲的一侧。倘若完全相信古人的这些假设,奥杰吉厄可能不止是一座岛。鉴于奥杰吉厄被描述为"日落之岛",它会不会是马耳他群岛中的戈佐岛?与奥杰吉厄一样,戈佐岛上到处是洞窟和洼地,岛上植被也接近荷马的描述。维克多·贝拉尔[14]是优美的旅行文学《尤利西斯的远航》的作者,他断言奥杰吉厄岛和佩雷希尔岛是同一座小岛。他的假设有一点颇具说服力:佩雷希尔岛上有一片足以停泊船只的小型海湾,岛上的瀑布、大片雪松和桤树也与荷马的描述相吻合。佩雷希尔岛坐落在摩洛哥海岸的最北端,只有了解当地地形的水手才能发现它。这简直是卡吕普索的理想之选,毕竟她的名字就是"隐藏"的意思。尽管有上述种种猜想,但疑问始终没有解开。也许,在内心深处,人类打算永远保守这座岛屿的秘密,永远为这位最美丽的女海神保留一片人类看不见的隐秘洞窟——你我的心中。

特洛伊

普里阿摩斯的宝藏

古代神话中让人浮想联翩的故事数不胜数，而现代人往往热衷于透过故事的表象去寻找证据，让美丽的传奇更靠近现实。

1870年，当海因里希·施里曼[15]在希沙立克遗址发现第一批古代要塞的残迹时，他确信自己找到的就是让西方魂牵梦萦两千年的特洛伊古城。早在1776年，法国旅行家舒瓦瑟尔-古菲耶就在让-巴蒂斯特·勒舍瓦利耶的帮助下宣称，特洛伊遗址就在布尔纳巴希[16]附近的一座小山脚下。而在1801年，英国考古学家爱德华·丹尼尔·克拉克和约翰·马丁·克里普斯确定特洛伊遗址位于希沙立克附近一座小山的顶部。施里曼根据克拉克和克里普斯在七十年前留下的地形说明，在土耳其西部这片线索寥寥无几的地区进行了一番探索。他在当地看到的，是一派宁静的田园风光。炙热的阳光下，整齐的葡萄园里零星生有几丛桉树和橄榄树，不远处便是爱琴海。这里离达达尼尔海峡也不远，步行顶多两个小时。遗址笼罩在一片寂静之中，已经很难找到战场厮杀、血流成河、烈火熊熊的痕迹。施里曼掘出好几层被漫长岁月掩埋的遗迹。当他亲手触碰到那些惊人的宝藏时，幻想战胜了理性的科学精神，再次占据上风。包括耳环、手镯、戒指和胸针在内的各种黄金首饰让施里曼确信，这一定是绝世美人海伦的珠宝。毫无疑问，他挖出的一定是国王普里阿摩斯大名鼎鼎的宝藏。施里曼向当地政府隐瞒了这一非凡发现，但日后不得不归还偷偷运走的文物。尽管后续发现推翻了此地就是特洛伊的猜想，但这已经不重要了，因为施里曼让神话中的特洛伊和英雄们重获生机。

达达尼亚、特洛斯、伊利昂……在"特洛伊"这个名字为人所知之前，这座神话中的城市曾几度易名。同样，在确定它位于小亚细亚、坐落在距离爱琴海不远的达达尼尔海峡出口处之前，它在世界地图上的位置也几经改变。特洛伊是一座神话中的城池，太阳神阿波罗与海神波塞冬曾帮助特洛伊的统治者、国王拉俄墨冬修建环绕城邦的高耸城墙，拉俄墨冬事后却忘了付给他们报酬，这座城池便因此受到命运的诅咒。特洛伊也是一座

在古典时代和启蒙时代，无数《伊利亚特》和《奥德赛》的读者梦想和尤利西斯一样"经历一场美好的远行"。他们踏上漫漫旅程，用双脚丈量特洛伊的土地，心中隐隐盼望发现这座传奇城市的高墙和宝藏。

尚武的城池，在公元前12世纪，特洛伊与亚该亚人之间爆发了一场神秘的战争，这座城池遭到袭击和围困，最终投降屈服。吟游诗人荷马在史诗《伊利亚特》（字面意思是"伊利昂之歌"）中歌颂了这场持续十年的战争。

尽管已经毁灭，特洛伊仍然令后人着迷。许多史诗都用极尽华美的笔墨歌颂特洛伊的英雄们和幸存者的后裔。特洛伊遗址的发现并没有让艺术家的想象力枯竭，反而让与古城一同消失的英雄再度焕发生命。在石堆间徘徊，心潮澎湃的旅行者仿佛能看到帕里斯和海伦的幽灵——当初正是二人的私奔让亚该亚人勃然大怒，点燃了特洛伊的战火。在沉思中，游客们欣喜地想象着普里阿摩斯、安德洛玛刻和卡珊德拉站在被杂草覆盖的城楼残迹上。考古学家发现的证据表明，这座城池曾多次被大火焚毁。在灰烬之中，人们渴望找到阿伽门农送进围城、为城中居民带来毁灭的木马遗迹。[17]

数个世纪以来，作家们一直将特洛伊视为最值得尊敬的文明的代表。为了让罗马的诞生尽可能显得伟大和高贵，维吉尔在《埃涅阿斯纪》中杜撰出罗马源自特洛伊的说法。[18] 千年后，伯努瓦·德·圣莫尔创作的《特洛伊传奇》讲述了这座不可思议的城市的恢宏历史。这位编年史作者不认为特洛伊战争只是一个传说。他追随弗里吉亚的达里斯和克里特岛的狄克提斯的脚步，描绘出特洛伊最辉煌时期的盛景和城中居民的优雅风俗。

在古典时代和启蒙时代，无数《伊利亚特》和《奥德赛》的读者都梦想着和尤利西斯一样"经历一场美好的远行"。他们踏上漫漫旅程，用双脚丈量特洛伊的土地，心中隐隐盼望发现这座传奇城市的高墙和隐藏其中的宝藏。许多个世纪的时光已抹去亚该亚人昔日的暴行,世人只记得英雄们的丰功伟绩和情人们的不祥爱情,凡人与神明都是引人遐想的主角。即使当代历史学家证明在特洛伊发生的不过是几场野蛮人的斗殴,我们也依然乐于想象雅典娜飞身驰援阿喀琉斯的场景,他们周围是厮杀的长枪、牛皮制成的盾牌和阳光般晃眼的盔甲。如果赫克托尔的尸体真的曾被阿喀琉斯拴在战车后拖行,在城墙周围留下长长的血迹,赫克托尔的妻子安德洛玛刻当场晕厥,那景象确实凄惨。如果他们的小儿子阿斯提阿那克斯真的被人从城墙顶上推下摔死,成为燃烧平原上无数尸骸中的一堆白骨,那景象也确实凄惨。但时光早已抹去恐怖的回忆。如今,特洛伊遗迹藤蔓丛生,不过是让游客重温传奇、让传奇永流传的一个契机。

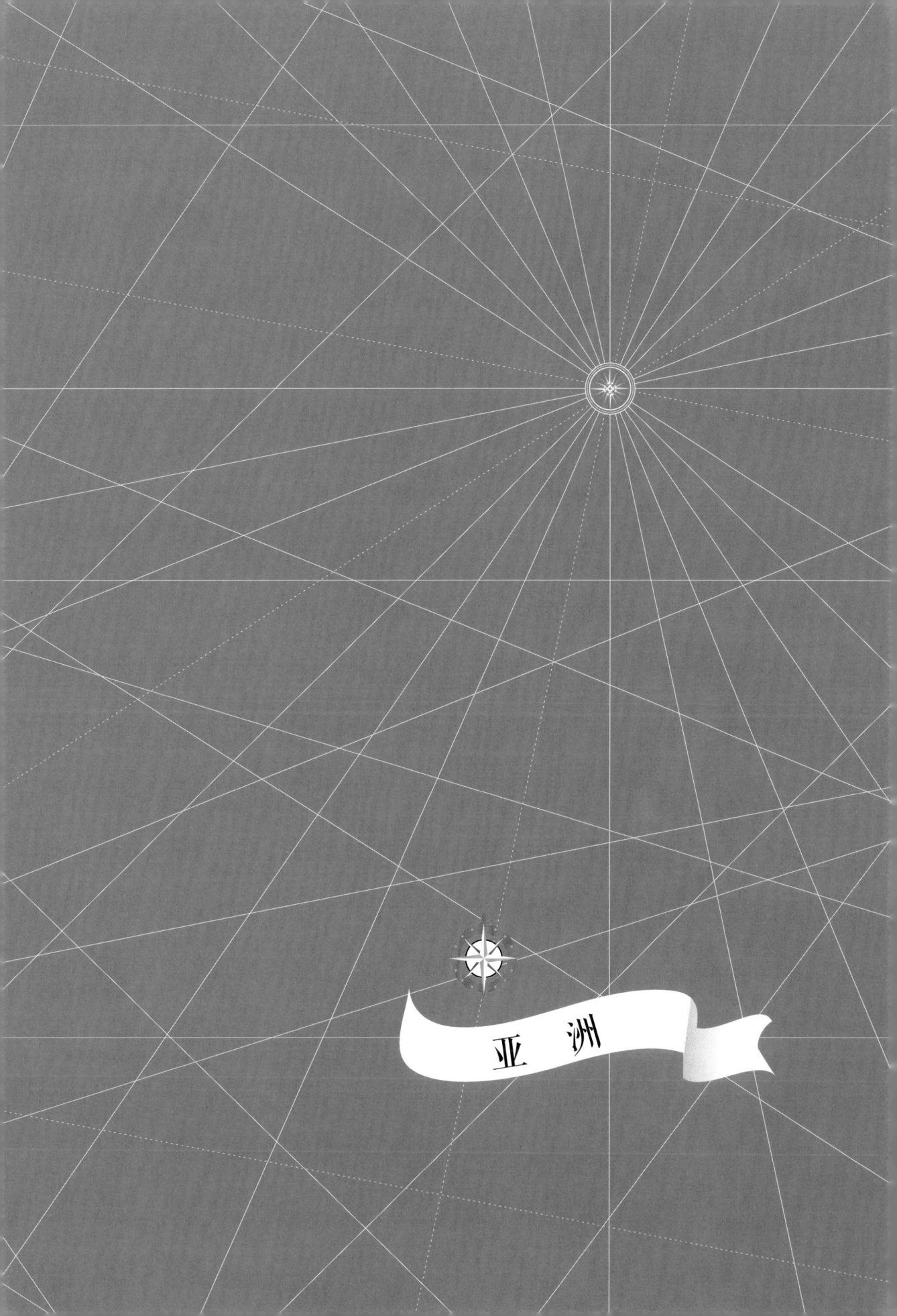
亚洲

神　州

天堂的边界

自古以来，远东便以美丽的丝绸闻名。老普林尼和塞涅卡在著作中将远东称为"丝国"。中世纪的旅行者取道蒙古，深入当地人自称"契丹"（Khitans或Kitai）的地区。正是因为契丹这个民族，这片土地后来渐渐被称为"神州"（Cathay），其范围大致相当于今天的中国。当时，地理学家、地图绘制者和宇宙志学者一致认为，人间天堂伊甸园就在亚洲北部的某个地方。忠于《圣经》传统的他们自然而然地认为，亚洲北部是歌革和玛各的领土。[19] 大陆的这一端令西方人充满向往。有些饱学之士甚至大胆猜想，大汗和祭司王约翰其实是同一个人。

在1254年漫游亚洲的途中，来自法兰德斯的方济各会修士纪尧姆·德·鲁布鲁克[20]遇到了许多千差万别的民族，包括回鹘人、唐兀人和北方的吐蕃人。借此机会，他为这些民族写下了简洁生动的描述：吐蕃人"非常强壮"，朝鲜人"和西班牙人一样身材矮小、皮肤黝黑"。他是记录中国人形象的第一人，比马可·波罗还要早二十年。他观察得很仔细："他们个头很矮，说话有鼻音。一如所有东方人，他们的眼睛很小。"受时代风潮的影响，他也四处打探祭司王约翰的消息："我穿越一片片牧场，可谁都没听说过他。"

在13世纪与14世纪之交，来自普利亚的方济各会修士若望·孟高维诺[21]在亚美尼亚和波斯居住了一段时间，随后与同属方济各会的传教士尼古拉·德·皮斯特拉和商人皮耶罗·德·卢卡隆戈结伴来到元朝的中国。若望·孟高维诺能说蒙古语。发现神州这片土地后，他停留了整整四十年——那时，四十年堪比一辈子……不过，真正让神州从遥远国度升华为传奇之地的，当属马可·波罗讲述的故事。在《马可·波罗游记》中，在某种程度上相当于马可·波罗秘书的鲁斯蒂谦信誓旦旦地写道："自从上帝让亚当成为人类之父，从没有人像马可·波罗那样耳闻目睹过如此多的奇闻异事。"

马可·波罗喜爱铺张奢华。可拆卸的大汗宫殿和包裹金箔的宝塔都令他赞叹不已。克里

斯托弗·哥伦布误以为那些宝塔就是宫殿，在加勒比海的安的列斯群岛苦苦寻觅金顶，却一无所获。

谈及中国海（秦海），马可·波罗称"它无边无际，根据曾在海上航行、资深且诚实的领航员和水手的说法，海上有7 448座岛屿，其中大部分都有人居住"。

马可·波罗不仅四处寻找奇观，还将它们一一记录下来。当儿子、父亲和叔叔一行在1295年回到威尼斯时，几乎没人相信他们就是二十四年前离开的三人行。他们讲述了前往神州、西潘戈和印度的奇妙旅途。为了说服心存疑窦之人，他们从衣服衬里中取出从世界尽头带回的珍贵纪念品：宝石、珍珠和钻石。但仍然有人对此表示怀疑。1323年，雅各布·德·塞基在马可·波罗的病榻边向他坦白，称他的书里"有太多奇闻异事，完全不可信"。这位旅行家随即反驳，自称他透露的内容还不及"他真正看到的一半"。

西方对神州的迷恋并未随着《马可·波罗游记》的出版而消退，反而愈发强烈。尼科洛、马菲奥和马可·波罗[22]对中国的探索很可能是第一场"地理大发现"，远早于发现美

洲。神州始终令人神往。根据传说,克里斯托弗·哥伦布如果不是为了前往印度、西潘戈和契丹而朝日落的方向远航,那他永远不会发现"美洲"。

为了说服心存疑窦之人,他们从衣服衬里中取出从世界尽头带回的珍贵纪念品:宝石、珍珠和钻石。

尽管前两次航行都没有发现马可·波罗描述的黄金宫殿,但克里斯托弗·哥伦布毫不怀疑自己已经到达印度。他坚持认为神州和西潘戈就在附近,直到第三次航行才改变想法。可为时已晚,他对黄金的狂热已经影响了许多同胞。不过,他们探索的土地并不是神秘的神州、传奇般的西潘戈或难以置信的印度。对弗朗西斯科·皮萨罗[23]和弗朗西斯科·德·奥雷利亚纳[24]而言,目的地究竟是哪里并不重要。帕依提提[25]、黄金国、锡沃拉的七座金城等关于黄金的神话已取代神州,刺激着西方人对征服与荣耀的梦想。

西潘戈

日出之地的群岛

马可·波罗借用中文说法将他心中的西潘戈称为"日出帝国",但这片土地在很早以前就失去了这位威尼斯人为它起的美名。葡萄牙人在16世纪发现这片岛屿后将它称为甲潘(Giapan)。一如印度和神州,西潘戈很久以前就是西方人想象中一切东方神话色彩的缩影,令旅行者、商人、地图绘制者和学者们魂牵梦萦。它曾经是马可·波罗的梦想,但他对西潘戈的描述完全是道听途说,他本人从未踏上这片土地。两个世纪后,克里斯托弗·哥伦布在策划从西方抵达印度的疯狂想法时曾打算穿越这片群岛,但他最终发现的不是一座岛屿,而是一片大陆——如今我们都知道是哪片大陆了!

13世纪的西方旅行者鲁布鲁克和柏朗嘉宾[26]走遍了近东和中东,穿过了无垠的鞑靼利亚。鄂多立克[27]甚至去过婆罗洲,他描述了生活在那里、用毒箭做武器的食人族。但他们都没有去过西潘戈岛。因此,马可·波罗是最早描写这片群岛的欧洲人之一。这片群岛的形状好似一把弯弓。在《马可·波罗游记》中,他根据道听途说向读者介绍这片从未踏足的土地:"西潘戈是日出方向上的一座岛,坐落在远海之上,距离大陆一千五百里。此岛面积广阔。岛上生活的是白人,眉清目秀,风度翩翩。他们崇拜偶像,过着自给自足的生活。我向您保证,他们拥有取之不尽的黄金,因为他们在岛上发现了金子。鲜有商人去那里,因为它离陆地太远。正是出于这个原因,岛上的黄金才如此丰富。"他接着写道,"我将为您描述这座岛上统治者宫殿的奇观。他有一座蔚为壮观的宫殿,殿宇上覆盖着纯金,就像教堂顶上覆盖着铅板,因此,其价值之高难以估量。宫殿和房间内的所有地面都铺设两指厚的金砖,窗户也用黄金装饰。这座宫殿的富丽堂皇简直令人难以置信。……这座岛上还盛产宝石。我告诉您,正是岛上的无尽财富让忽必烈汗决定将它据为己有。"

1492年8月3日,克里斯托弗·哥伦布在安达卢西亚境内位于力拓河沿岸的帕洛斯·德·莫格港登船。那时的他满脑子都想着开辟新航线,向西抵达印度、契丹和西潘

> 西潘戈很久以前就是西方人想象中一切东方神话色彩的缩影，令旅行者、商人、地图绘制者和学者们魂牵梦萦。

戈：他要夺取那里的非凡宝藏。因此，当他抵达安的列斯群岛，又从圣萨尔瓦多途经古巴到达海地时，他确信自己已经抵达印度，距离神州和西潘戈只有几天的航程。这种错误的信心源自计算的误差，也与他对马可·波罗故事的坚信不无关系。哥伦布见到了当地郁郁葱葱的自然风光和友好的原住民，发现他们与两个世纪前那位威尼斯人的描述一样。此时的他依然没有发现自己的定位有误：他用来测算纬度坐标的那颗星并不是北极星。可以说，马可·波罗才是真正为克里斯托弗·哥伦布引领方向的那颗星星。哥伦布也不是唯一受到指引的人。许多地图绘制者——比如德国人马丁·贝海姆[28]，都认为"托勒密没能描绘出遥远（至恒河）的世界，但马可·波罗做到了"。

根据坊间传说，克里斯托弗·哥伦布直到第三次航行的尾声才对帕里亚半岛的面积感到惊讶，才意识到这片土地不可能只是一座岛，他面对的可能不是西潘戈，而是一片陌生的大陆，是矗立在他与印度之间的一道无法逾越的天堑……后来的宇宙志学者和地图绘制者对哥伦布的猜想表示赞同，他们在地图西方画出一片轮廓不确定的土地，在东方画出印度、神州和西潘戈。

在世界地图上，亚洲在右边，新发现的美洲在左边，这种排列大陆和岛屿的布局渐渐约定俗成。这种安排让地图绘制者巧妙回避了一个问题：神州和西潘戈与新发现的土地之间的空白地带究竟有什么？新发现的土地与印度、神州和西潘戈之间的距离有多远，直到16世纪初仍然没有答案。孔塔里尼[29]试图汇总已有知识来解答这个问题，他认为安的列斯群岛距离西潘戈不远。与此同时，马丁·费尔南德斯·德·恩西索[30]将托勒密用角度计算出的距离与水手们的航行里程相结合，但这种算法却让这片未知地带的情况更加混乱复杂，他绘制的世界地图错误百出。他将契丹国与蛮子国、爪哇与苏门答腊、占婆与西潘戈这几组概念混为一谈。1566年，在波洛尼诺·扎尔蒂耶里[31]的地图上，西潘戈变成了甲潘。

得益于1543年踏上西潘戈的葡萄牙航海家们的记录，这片岛屿的海岸线逐渐清晰，就和塔普罗巴纳一样。然而直到16世纪末，这片地区的海岸线轮廓和岛屿分布情况依然相当模糊。直到17世纪初，路易斯·特谢拉[32]才绘制出第一份相对符合实际的日本群岛地图。

科尔基斯

金羊毛的国度

科尔基斯这个名字现已无人知晓。数世纪的时光已将这个悦耳的名字从世人的记忆中抹去。唯有一种小花承载着残存的记忆——秋水仙[33],这种在八月底开放的花朵广泛分布于小亚细亚,尤其是黑海东岸的格鲁吉亚。

如果科尔基斯不是古人吟唱的金羊毛所在地,如果伊阿宋和阿尔戈英雄[34]的漫漫旅程不是家喻户晓的美谈,那这个地方恐怕早已被世人遗忘,不留一丝痕迹。两千多年前,科尔基斯曾被视为已知世界的尽头。当时被称为"好客海"的黑海是许多令人胆寒的传说上演的舞台。要想抵达好客海的东岸,必须穿过一条夹在峭壁之间的海峡,每当有船只驶入,海峡两侧的峭壁就会紧紧夹在一起,这就是叙姆普勒加得斯碰撞岩。

传说,阿塔玛斯国王的一双儿女——佛里克索斯和赫勒——不堪忍受继母伊诺的虐待,恳求众神之神宙斯解救他们。宙斯听到他们的祈求,便派出一头长有金毛和金角、名叫克律索马罗斯的强壮公羊去解救他们。两个孩子骑上羊背逃之夭夭。不幸的是,在飞越大海的途中,赫勒摔了下来,溺死在好客海的入海口,这条海峡因此得名赫勒斯滂[35]。最终,佛里克索斯孤身一人逃到了科尔基斯。在这里,他将这头金色的公羊献祭给宙斯,又将金羊毛赠送给国王埃厄忒斯。这则神话有数个不同的版本。有的版本说金羊毛悬挂在橡树枝头,有的则认为它被藏在洞穴中由龙看守。让伊阿宋享誉后世的金羊毛传说采用的就是后一种说法,他的故事是无数画家、剧作家和电影人的灵感之源。

伊阿宋的叔叔珀利阿斯是位于色萨利的伊俄尔科斯王国的国王,他命令伊阿宋前往科尔基斯夺取金羊毛。在那里,埃厄忒斯设下的重重难关正等待着他。埃厄忒斯的女儿、热情似火的女巫美狄亚对伊阿宋一见倾心,不顾一切地爱上了他。在她的帮助下,伊阿宋顺利完成了所有挑战。金羊毛被带走之后,美狄亚也跟随伊阿宋和阿尔戈英雄们登上"阿尔戈号"快船,逃离科尔基斯——身为背叛父王的叛徒,她已无容身之地。不过,

胜利的喜悦并没有在"阿尔戈号"的船员中持续太久,正如塞涅卡所言,这些人很快要"为违背海洋世界的法则"付出生命的代价。遇见伊阿宋之后,美狄亚的命运便与他牢牢绑在一起。在欧里庇得斯笔下,美狄亚的保姆悲叹道:"但愿众神不曾让'阿尔戈号'驶过那深蓝的叙姆普勒加得斯,来到科尔基斯的海岸旁;但愿珀利翁山上的杉树不曾被砍下,来为那些给珀利阿斯取金羊毛的英雄制造船桨!果真如此,我的女主人美狄亚便

不会狂热地爱上伊阿宋,航行到伊俄尔科斯的城楼下;果真如此,她便不会诱劝珀利阿斯的女儿杀害她们的父亲,也不会随丈夫和孩子们来到科林斯城池。在这里,她背井离乡,却受人爱戴,得到人们的欢迎。"

科尔基斯坐落在已知世界的尽头,必须穿过一条夹在峭壁之间的海峡才能抵达那里。每当有船只驶入,海峡两侧的峭壁就会紧紧夹在一起,这就是叙姆普勒加得斯碰撞岩。

对于科尔基斯的地理位置和当地民族的起源,历史学家们在很长时间里都没有定论,各路观点层出不穷。现在我们知道,这片神秘土地大部分位于今天的格鲁吉亚境内,当地人是高加索人种。但在历史上,希罗多德却认为他们发源于埃及。他自称在那里见过皮肤黝黑、头发短而卷曲的人。他认为这些人是埃及法老塞索斯特里斯征服科尔基斯后留在当地的驻军后代。不少学者都认同这一假设,伏尔泰就曾援引这个观点。在17世纪,兰贝蒂尼和夏尔丹将这些奇异的解释抛到一边,只关注伊阿宋和金羊毛的故事本身。他们发现,虽然神话都是人们的想象,但虚构的想象往往比理性的分析更丰富、更显真实。当理性分析众说纷纭、争论不休时,它们往往比神话中的描述更让人感到陌生。

莫卧儿帝国

奇迹之国

"这是世界上最美丽、最壮观的地区。"马可·波罗用寥寥数语记载了他对印度的第一印象,他关于印度的描述对中世纪世界的重要性约等于我们这个时代的登月新闻。描写印度的文字总是引人入胜。那里不仅有取之不尽的黄金,还有举世罕见的动物和居民。在古代,关于印度的记载充满了离奇夸张的想象。希罗多德说,印度的动物比欧洲的同类体形要小。可是根据老普林尼的记载,它们的体形异常庞大。印度的树木高耸挺拔,哪怕张弓射箭也射不到树顶,无花果树的树荫能遮蔽一整支骑兵队。克特西亚斯的想象力则更加丰富,他说,印度的崇山峻岭间生活着犬首人身的怪物。在一千多年后的中世纪时期,许多装饰画中都出现过克特西亚斯描述的这种长着狗头、身披白色长袍的生物,画面中的它们有的正在进行以物易物的贸易,有的在阅读艰深晦涩的书籍。

在中世纪的欧洲人心中,印度是一片广袤无垠的土地,坐落在世界尽头的东方日升之处。据说那里热得让人窒息,因而孕育了最离奇的自然奇观。这片令人惊叹的土地上盛产宝石,大量传说中的生物在此繁衍生息,除了上文提到的犬头人,还有凤凰、独角兽和一足人。

13世纪时,鲁布鲁克来到亚洲。他遇到了一个前去谒见大汗的使节团,便向他们打听消息,想借此机会好好了解当时欧洲人还知之甚少的印度。人们为他指明了西行的路线。鲁布鲁克与使节团同行了整整三周,但并未抵达印度。他的同行若望·孟高维诺的运气要好一些,有幸成为第一位根据"亲眼所见"用文字描绘当地居民的人。他称自己从印度半岛的西南部登陆,在马拉巴尔沿海上岸,当地原住民的"皮肤不是真正的黑色,而是橄榄色。他们的身材非常匀称,平日里赤脚行走,敏感部位裹着缠腰布。他们从不剃胡须,但一天之中要多次清洁身体"。

严格来说,莫卧儿帝国在印度历史上只存在了短短两个世纪,即1500年到1700年印度被突厥化的蒙古穆斯林征服的时期。蒙古人的入侵发生在马可·波罗前往东方两个世纪之后，给当地人的生活习惯带来了显著变化。因此，马可·波罗到达印度时，印度尚未受到波斯文化的影响，当地居民丰富多彩的宗教习俗曾令他大开眼界。他见到的印度民俗不曾受到伊斯兰教法的影响，完全是成吉思汗之孙忽必烈汗时期的蒙古式风俗。而在两个世纪后的莫卧儿帝国时代，帖木儿的后裔将波斯文化引入印度，最终实现了伊斯兰教和婆罗门教信仰的融合。

印度令人流连忘返。有人认为人间天堂伊甸园就在印度，有人则说诺亚方舟就停泊在那里。西方传统认为东方三圣贤就来自印度。马可·波罗讲述的采珠人的故事表明，那是一个宁静、温和、厌恶战争的文明。爆发战争时，当地人让雇佣军替他们战斗。如果有海怪对渔民造成威胁，他们就靠祭司的祈祷赶走怪物。在文艺复兴时代的想象中，印度居民总被描绘成人之初、性本善的形象。那里的庶民与国王都一样赤身裸体，只用宝石作为装饰，宝石的光彩更衬托出他们优雅从容的气质。马可·波罗笔下的印度动物和物产都丰饶美好："那里的狮子都是黑色的。还有各种各样的鹦鹉，比如羽毛雪白、喙和腿红艳如宝石的鹦鹉。那里的红宝石和蓝宝石是全世界最美丽的……他们的孔雀也非常漂亮，比我们的孔雀更大，模样也不完全相同……还有，那里的果实异常硕大。这些都要归功于当地的高温气候。"马可·波罗还提到，古吉拉特邦盛产胡椒、姜、棉花和靛蓝。阿拉伯旅行家伊本·白图泰也曾游历印度，但他的叙述与鲁布鲁克、孟高维诺、马可·波罗等人相比没有任何新意。为了前往大名鼎鼎的印度，克里斯托弗·哥伦布以开辟新贸易路线为契机，恳求卡斯蒂利亚女王伊莎贝拉一世赐予自己指挥舰队的权力。这位热那亚人无缘抵达印度，然而，自古以来就萦绕在西方人头脑中的欲望让他执迷不悟，他始终深信自己在第一次航行中发现的正是传说中的印度。

| 奇境之国

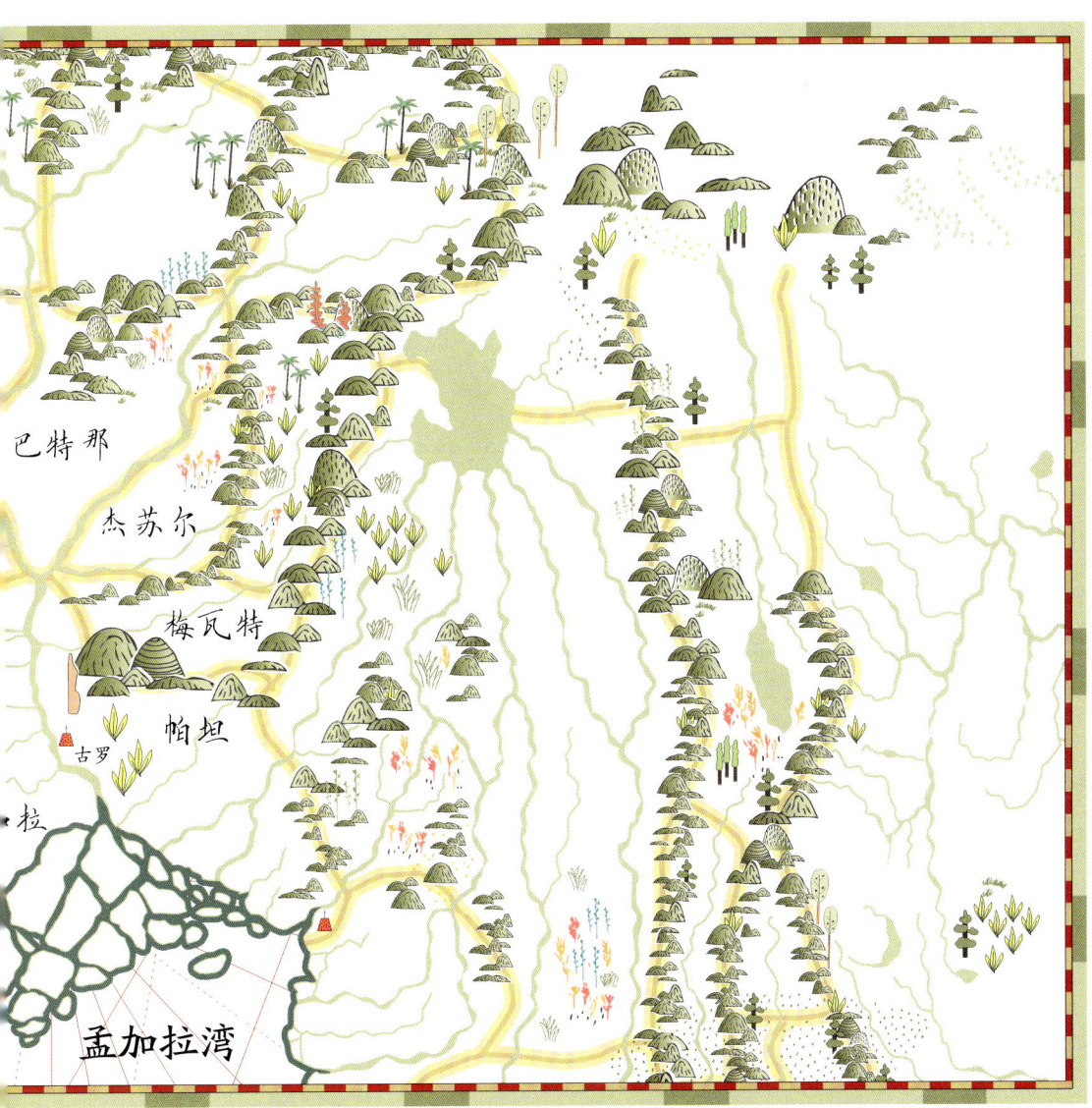

戈尔康达

至福之人的王国

在印度腹地的特棱戛纳平原，戈尔康达要塞占据高地，坐落在高出地面一百多米的小山岗上。它从14世纪到16世纪初是一个王国的都城，也是这个昙花一现的王国如今仅存的见证。这座要塞最早的建筑群始建于12世纪中叶，由印度卡卡提亚王朝建造。后来，艾哈迈德讷格尔王朝和比德尔王朝共同组成德干邦国，戈尔康达渐渐成为发达文明的象征。巴赫曼尼的突厥统治者建立起顾特卜沙希王朝，将在近一个世纪的时间里统治戈尔康达城和戈尔康达苏丹国。在顾特卜沙希王朝时期，要塞进行了大规模的扩建，还修筑起防御工程。花岗岩取代了土砖，一道巨大的石墙环绕要塞，将可能来犯的入侵者阻挡在外。到16世纪末，戈尔康达不再是王国的都城，但当地的钻石矿让它继续繁荣发展。当地精美的细密画反映了淳朴的民风和精致的生活艺术。财富让他人眼馋：莫卧儿皇帝奥朗则布对要塞发起围攻，围城战持续了整整八个月，直到一名叛徒让莫卧儿大军突破城门。奥朗则布将宏伟的戈尔康达摧毁殆尽，只保留了"胜利之门"达瓦扎城门和个别建筑物。不过，戈尔康达将在西方人的想象中延续生命。《一千零一夜》第一次经过翻译传入西方后，奇妙的故事引发了欧洲人向往东方的热潮，裹挟在这股潮流之中的戈尔康达也大大激发了启蒙时代作家的想象力。在斯坦尼斯拉斯·德·布夫莱尔骑士创作的《戈尔康达女王》中，叙述者这样描绘他旅居该地区的经历："走遍这片无垠土地（印度）上的诸多王国后，我在戈尔康达停下脚步。那是当时亚洲最繁荣的城邦。当地人民在一位女子的统治下过着幸福的生活，她用美貌令国王倾倒，用智慧统治整座王国。"在这个繁荣的国度里，农民为自己耕种土地，国库官员从不徇私枉法、中饱私囊。在启蒙时代的欧洲人心目中，戈尔康达就是这样一个乌托邦色彩浓厚的传奇王国，这里的生活富足又安宁，一位魅力十足又充满智慧的女王仁慈地庇护着这片土地。

卡菲里斯坦

国王的土地

有这样一个故事：在《北方之星》主编的办公室里，退伍老兵、共济会成员皮奇·卡纳汉和丹尼尔·德拉沃特约定，两人要去卡菲里斯坦当国王，远离美酒和美色，做彼此忠诚的后盾。他们假扮成商人踏上了旅程。两年后，饱经风霜的卡纳汉回到这间办公室，讲述了自己可怕的冒险经历——没错，他和德拉沃特真的抵达了卡菲里斯坦，当上了国王。

在这部改编自鲁德亚德·吉卜林[36]的短篇小说《国王迷》的电影里，演员肖恩·康纳利和迈克尔·凯恩让观众知道了这个与印度接壤的国度。自从亚历山大大帝抵达卡菲里斯坦以来，再也没有欧洲人踏足过这片土地。

吉卜林乐观地相信，卡菲里斯坦是真实存在的地方。在他的短篇小说中，他淋漓尽致地发挥想象，用无与伦比的精湛笔力，将传说与大英帝国高傲的殖民主义理想融为一体。他笔下的两位主角抵达目的地后，将当地部落联合起来，给他们武器，与他们并肩作战。战斗中，一支箭射中了德拉沃特，但正巧卡在子弹带的皮带上，所以他毫发未伤。这让当地原住民以为这两个外国人是魔鬼或神明。从那以后，当地人便对二人俯首称臣。

两个好朋友本可以在那里做一辈子国王——只要德拉沃特没有被建立帝国王朝的欲望冲昏头脑。他开始垂涎女色，当地的祭司和达官显贵心想："凡人能给神献上什么呢？"他们思前想后，最终选中一位女子，献给德拉沃特作为新娘。她在祭司和百姓面前亲吻德拉沃特，却冷不丁狠狠咬了他一口。鲜血流了出来。谎言昭然若揭。祭司们喊道："他不是神也不是魔鬼，只是一个凡人！"接下来，两位国王遭到了残酷的追杀。德拉沃特的统治和他的生命一起终结在山谷深处，而皮奇则被钉在十字架上，侥幸活了下来。皮奇将德拉沃特的头颅包在布里，跑回了他们踏上疯狂旅途之前接待他们的主编的办公室。他将德拉沃特的头颅放在主编面前，作为二人冒险的唯一见证。

那个时代的读者已经知道，马可·波罗笔下的奇妙印度与现实相去甚远。但是，印度依然让他们垂涎不已。在维多利亚女王的时代，英国不仅在远海拓展势力，还将统治范围扩张至新发现的大洲和土地。如果说专门收容流放者和苦役犯的澳大利亚是大英帝国最大的监狱，那么拥有德里、加尔各答、孟买等大都会的印度就是大英帝国的珍宝。约瑟夫·康拉德、鲁德亚德·吉卜林等人在小说中不知疲倦地歌颂印度的魅力和光彩，赞美大英帝国的丰功伟绩。印度之所以始终魅力不减，而且能吸引吉卜林这样富有文学修养的旅行者，是因为印度腹地的山区几乎从未被开发，仍然充满未知。吉卜林的短篇小说足以证明，这片奇境依然是孕育幻想、神话和传说的温床。

> 印度之所以始终魅力不减，而且能吸引吉卜林这样富有文学修养的旅行者，是因为印度腹地的山区几乎从未被开发，仍然充满未知。

基墨里奥伊人的国度

迷雾与暗影之地

在世代更迭中,有些故事渐渐陷入遗忘的深渊,再无出头之日。有些故事则生生不息,直至今日还是灵感的源泉。古代神话、英伦奇幻、电子游戏和电影让我们对蛮族英雄耳熟能详,这些半人半神、亦正亦邪的战士令人望而生畏,往往为了复仇、拯救或毁灭在善恶之间徘徊。毫无疑问,孕育这些战士的民族与幽冥世界关系密切,因此也是众多诗人的灵感源泉。让我们再读一读荷马史诗:女巫喀耳刻邀请尤利西斯前往冥府,特瑞西阿斯则为他指明返回伊萨卡岛的道路。在《奥德赛》中,通往冥界的道路要经过基墨里奥伊人的国度,这一点足以体现这个民族与冥王哈德斯统治的地府长达数千年的渊源。古代历史学家认为,可怕的基墨里奥伊人生活在今天的亚速海附近。奥维德在《变形记》中记载这片土地终年处于迷雾和暗影之中,"无论是黎明、正午还是日暮时分,太阳神的光芒永远无法照耀到那里。大地呼出的水汽遮天蔽日,晦暗中只有些许飘忽不定的微光"。浪漫主义时期的版画和油画也秉承这一传统,将基墨里奥伊描绘成终日雾霭笼罩的模样。这种传统也为瓦格纳、李斯特和鲍罗丁提供了取之不竭的创作灵感。

此外,还有一点始终未曾改变:基墨里奥伊人的国度永远与暗影联系在一起,也永远与厚重的云层、浓雾和阴霾联系在一起。与赫斯珀里得斯圣园类似,有些古人认为这片国度位于极西之地的陶里达或者其他据说与冥府有关系的地方。希罗多德在《历史》中记载基墨里奥伊人服从斯基泰人的法律,当初他们被迫放弃故土,像迷失的游魂在世间飘荡,最后才在黑海之滨找到栖身之地。斯特拉波[37]写道,基墨里奥伊人是生活在地下世界的民族,等到夜里才冒险外出。这样的描述也与荷马想象中的那个生活在暗影和黑夜中的民族遥相呼应。

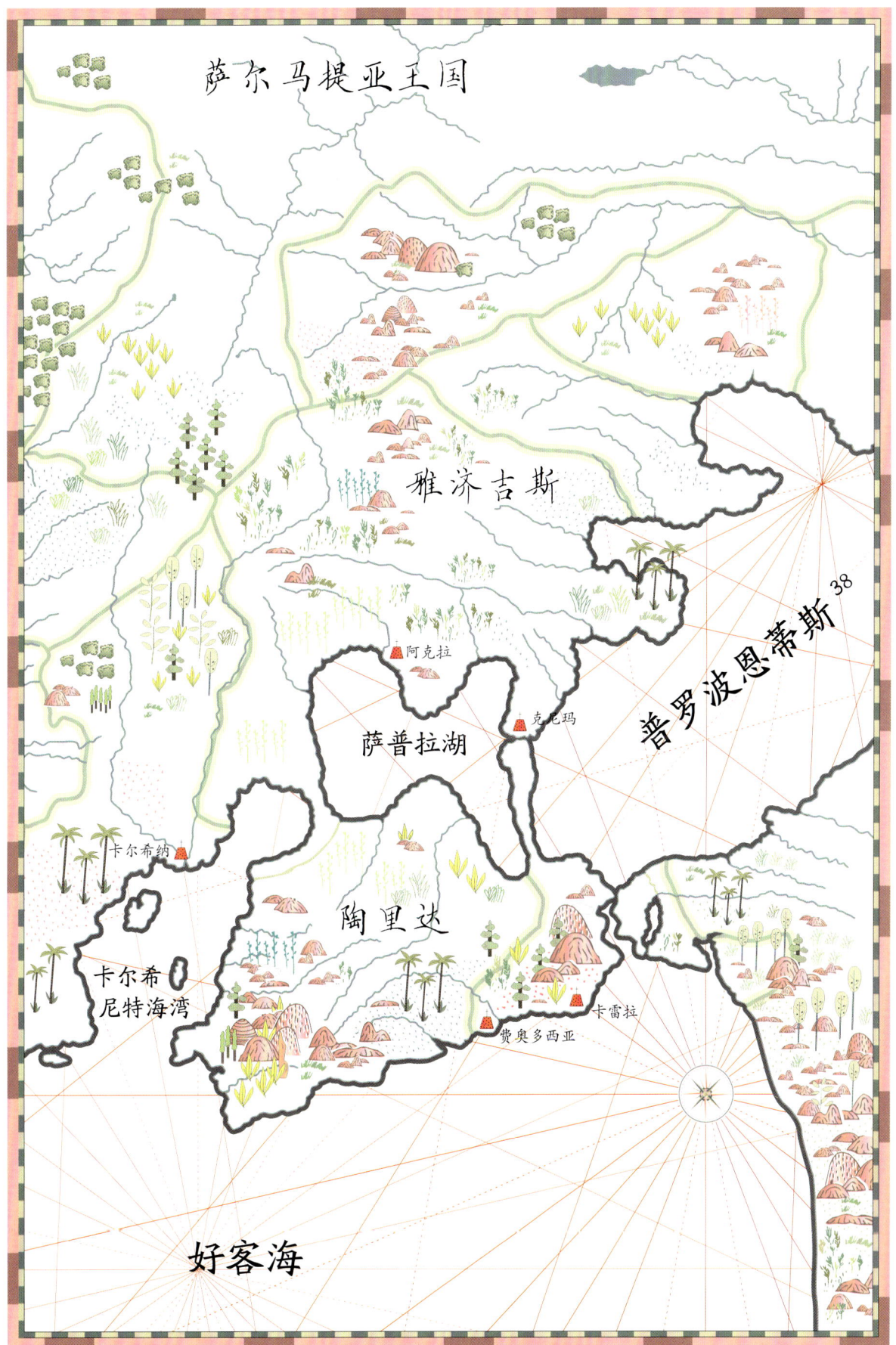

塔普罗巴纳

世界的尽头

塔普罗巴纳……锡兰岛最初正是以这个悦耳的名字为世人所知。"塔普罗巴纳"源自梵语tamraparni（意为"铜叶"），这个名字很容易让人联想到岛屿的形状。另一种观点认为它源自僧伽罗语tambapanni（意为"红手"），因为第一批先民从印度北部山地来到这里时，赭石色的土壤给他们留下了深刻的印象。

传说在古代，埃及人用纸莎草叶编成船，经过二十天的航行抵达了这座岛。在古希腊航海家心目中，它是世界尽头的"极南之地"。公元前4世纪，亚历山大大帝的舰队曾前往这座只存在于水手故事中的岛屿。一个世纪后，麦加斯梯尼[39]言之凿凿地说，这座岛上的黄金和珍珠比印度还要多。此话立刻激起了希腊和罗马商人的觊觎之心。老普林尼写道，一名被阿尼乌斯·普洛卡姆斯释放的奴隶曾在岛上待了整整六个月，他对这座岛的描述令人着迷。卢多维科·瓦尔泰马、威尼斯富翁切萨雷·费代里奇和加斯帕雷·巴尔比都曾为了寻找珍贵的宝石而造访这座岛屿。他们还利用远行之便探索了其他一提名字便让人联想到美梦与财富的地方：勃固、孟加拉、讷加帕塔姆、苏门答腊、爪哇、占婆。

但是，财富的诱惑并不是远航的唯一动力，塔普罗巴纳也吸引着无数学识渊博的旅行者。商人苏莱曼在9世纪航行至此之后，航海家辛巴达在他的奇妙历险记中写道，传说亚当和夏娃堕落之后曾在这座岛上避难。正因如此，许多基督徒作者坚持认为，塔普罗巴纳就是人间天堂的所在地，这种观点得到了当地原住民的大力支持，他们以此为荣。1634年，英国旅行家托马斯·赫伯特在《非洲旅行见闻录》中用轻松幽默的笔调写道："锡兰岛的居民确信他们的家园就是天堂。而且，为了证明他们所言不虚，他们会向您展示亚当在这片神圣土地上留下的古老足印，这个脚印能保存至今，真是奇迹啊。"时至今日，当地人依然会无比自豪地向游客展示保存至今的亚当脚印。

鞑靼利亚

魔鬼之地

有些帝国的版图就像覆盖山峦的冰川，会随着岁月变迁而扩张或收缩。在13世纪，中世纪所称的鞑靼利亚从乌拉尔山脉一直延伸到太平洋。虽说鞑靼人往往被视作蒙古人的同义词，但他们的领土却远远大于如今的蒙古，成吉思汗曾带领他们一路攻打到欧洲城门下。在13世纪中叶，信仰基督教的欧洲诸国对"这个由不信上帝的人和毫无人性的怪物组成的民族"充满疑问，感到无比恐惧。

1227年，成吉思汗去世，他的继承人瓜分了辽阔的帝国。蒙古部落的劫掠如野火般迅速蔓延。鞑靼人的先头部队出现在意大利的城门前，引发了恐慌，而当地人对他们的不了解让这种恐慌变本加厉。

1245年，教皇英诺森四世交给方济各会修士柏朗嘉宾一项微妙的任务：前往谒见蒙古国大汗贵由，以"仔细观察当地的一切事物"。这位僧侣从伏尔加河下游地区进入鞑靼人的领土。尽管有些畏惧，但他信念坚定，一定要让天主的福音传播到这些"蛮族国度"。一路上，柏朗嘉宾遭遇了重重可怕的阻碍。他在招待他的东道主身边停留了不短的时间，足够他在《蒙古行纪》中描绘出这样一幅肖像："这里人的外貌与其他民族有所不同。他们双眼之间和颧骨之间的距离比其他民族的人更大。另外，他们的颧骨相对于脸颊很突出，鼻子又扁又小。他们的眼睛也很小，眼角上扬，几乎要碰到眉毛。他们通常身材瘦削，只有少数例外；几乎所有人都是中等身材。"

1254年至1255年，路易九世——后来的圣路易[40]——也派出一位方济各会修士前去拜见大汗，他就是法兰德斯人鲁布鲁克。这位修士向他的君主承诺："我将写信向您汇报我见到的一切。我将尽我所能为您描述他们的生活和习俗。"后来他果真说到做到：在其著作《东行纪》中，他用文字勾勒出一幅与柏朗嘉宾的描述类似且同样生动的鞑靼人肖像。不仅如此，圣路易将有机会亲自判断这位使节描述的真实性——在第七次十字军东征期间，他在杜姆亚特接见了可汗派来的使节。鞑靼使节表示，大汗愿为他收复基督圣墓助一臂之力。

最终，是马可·波罗得天时地利，一举消弭了中世纪西方与这个坐落在世界尽头的帝国之间的无形界限。在抵达忽必烈汗的宫廷之后，他在大汗身边做了整整十七年的使节。这位深谙意大利风俗（当时的意大利已被文艺复兴的潮流席卷）、精致讲究的威尼斯人学会了东道主的语言，穿着蒙古人的服装，入乡随俗，还练就了一身射箭的好本领——他的箭术令替他撰写游记的鲁斯蒂谦印象深刻。根据马可·波罗的口述，鲁斯蒂谦写道："他们的服装通常由金丝布、丝绸和华丽的皮毛制成，包括紫貂皮、白鼬皮、松鼠皮和奢华无比的狐皮。他们的军事装备非常漂亮，价值也极高。"蒙古部落充满异国情调的盛况征服了意大利人的心。三个世纪后的1556年，詹巴蒂斯塔·拉穆西奥在他的《航海记与旅行记》中指出，当马可·波罗回到威尼斯时，他的"面色、服装和语言"看起来都活像个鞑靼人。对未知世界的探索为欧洲带来了许多奇观，鲁斯蒂谦记载的这则奇闻就是其中一例："我曾和您说过的这些术士能用法术做很多事。比如在主人想喝酒时，我和您说过的那些酒杯就会自己飘浮起来，不用任何人触碰便会移动到主人面前。"在伟大的忽必烈汗的统治下，鞑靼利亚处于鼎盛时期。但在那之后，它再也不曾出现令马可·波罗及其读者折服的精致和宏伟气度。

到17世纪初，鞑靼利亚的范围从波兰一直延伸到远东，从里海一直延伸到北冰洋。与一个世纪之前旅行家西吉斯蒙德·赫伯施坦因详细介绍过的莫斯科比亚不同，此时的鞑靼利亚仍是一片鲜为人知的疆土。大部分资料都来自马可·波罗的旅行见闻……在约安·布劳于18世纪初创作的《大地图集》中，鞑靼利亚位于中原的长城以西，罗布沙漠附近绘有龙和魔鬼，似乎是为了与这片传奇之境神秘而奇妙的过去相呼应。

亚 洲

非洲

巴巴里

非洲的门户

1415年,葡萄牙亲王恩里克的队伍在休达登陆。几内亚、塞内加尔、廷巴克图等名字令这位年轻的王族、地图爱好者和水手的保护人浮想联翩。他几乎从未离开阿尔加维海岸和位于萨格里什的要塞,后来却赢得了"航海家"的美誉。

恩里克颇有远见,他敏锐地预感到自己刚刚登陆的这座城市只是漫长征程中的第一站,它背后还有一片无垠的土地,一个陌生的世界,一个比宇宙志学者想象中的更辽阔的大陆。这位王室成员的出色直觉和坚定信念让其他葡萄牙人紧随其后,他们逐渐对巴巴里失去了兴趣,开始沿着西海岸征服整个非洲。正因如此,他们对巴巴里的大部分地区并没有充分的了解。

奥尔费特·达佩尔在其著作《描述非洲》中解释,巴巴里这个国度的名字源自"沙漠"(ber)一词,"因为这片地区在阿拉伯人到来之前鲜有人居住,今天这里的居民仍被称为'柏柏尔人'(Bereberes)"。他又介绍说:"但另一些人更倾向于认为这个名字源自拉丁语,征服该省的古罗马人最早称此地为'巴巴里'(Barbarie),是因为当地人性情凶悍野蛮(拉丁文barbare的意思是'野蛮的、蛮族')。正如后来蒙田所说:人们往往将不符合一贯认知的事物形容为'野蛮'。"出生于格拉纳达的旅行家和地理学家利奥·阿非利加努斯[41]原本是穆斯林,后在利奥十世的感召下改信基督教。他用阿拉伯语创作了一部著作,又亲自将其译为意大利语和拉丁语,这部作品在很长一段时间里都被奉为了解非洲的必读书籍。按理说,他对巴巴里的描述应当准确无误。实际上,利奥·阿非利加努斯并不曾游遍整个非洲,他只到访过非洲的一部分:从摩洛哥前往埃及,随后抵达尼日尔河流域。聪慧过人的他曾多次承担外交使节的任务,沿途见过许多商旅和达官显贵,还曾与他们进行交易。他读过很多书,拉丁文著作自不必说,还读过许多阿拉伯编年史家和地理学家的作品,包括当时还不被西方人了解的伟人——阿拉伯地理学家伊德里西[42]的著作。

以阿特拉斯山脉、大西洋、地中海、利比亚和埃及的沙漠为界，利奥·阿非利加努斯将非洲划分为四块：巴巴里、努米底亚、利比亚和"黑人之地"。继他之后的地理学家也提出了其他划分方式。

巴巴里是"非洲最高贵的地区，白人的城镇和城池都坐落在此"……整个巴巴里由摩洛哥、菲斯、特莱姆森和突尼斯四大王国组成。摩洛哥和菲斯各自又可划分为七大省，特莱姆森划分为三大省，突尼斯则划分为四大省。这些王国拥有大片森林，森林中生活着大量野兽，包括猴子、野山羊、狮子、老虎和毒蛇，还有各种各样的飞禽。据利奥·阿非利加努斯所说，巴巴里的居民在内陆城市和乡村"从事手工业、开垦土地"，他们"效忠于政府、醉心于放牧"；而在沿海地区，"平原和低矮丘陵"适宜耕种，与"苦寒贫瘠、几乎颗粒无收"的阿特拉斯山脉对比分明。

摩洛哥王国"盛产优质小麦和其他多种谷物，牲畜繁多，水草丰美，还有枣、葡萄、无花果、苹果、梨等各种各样的水果，这个省和伦巴第大区一样，几乎全是平原"。在利比亚一带不宜耕种、沙尘暴肆虐的贫瘠土地上，旅行者们耗尽精力，被饥渴和炎热折磨得疲惫不堪。在巴巴里，他们却发现了非洲富饶而丰美的一面。

当地居民主要分为三类：原住民、来此求财的土耳其人和沙漠中的阿拉伯人。除此之外，还有沿海地区和城市里的白种人和私掠船主与南部的黑种原住民杂居在一起。符咒和巫术是当地民间信俗的重要组成部分，同时吸收了女巫从《古兰经》中汲取的咒语、占卜者的迷信和伊斯兰隐修士的草药。

利奥·阿非利加努斯指出，巴巴里十分繁荣，这里的国王和贵族富裕得难以想象，除了丰厚的收入，大量富丽堂皇的清真寺也是此地富有的标志。在他笔下，巴巴里的商人

奇境之国

分活跃，在尼日尔河沿岸和许多大型城市里开展贸易，包括附近一带最大的城市——廷巴克图。他们去那里出售从欧洲北部运来的呢绒，也售卖牛皮、亚麻布、棉布、葡萄、枣、无花果等商品。16世纪初，一位不知名的观察人士在介绍安特卫普琳琅满目的商品产自何地时，将巴巴里与亚洲、非洲和美洲相提并论："论起美洲、秘鲁和整个新世界

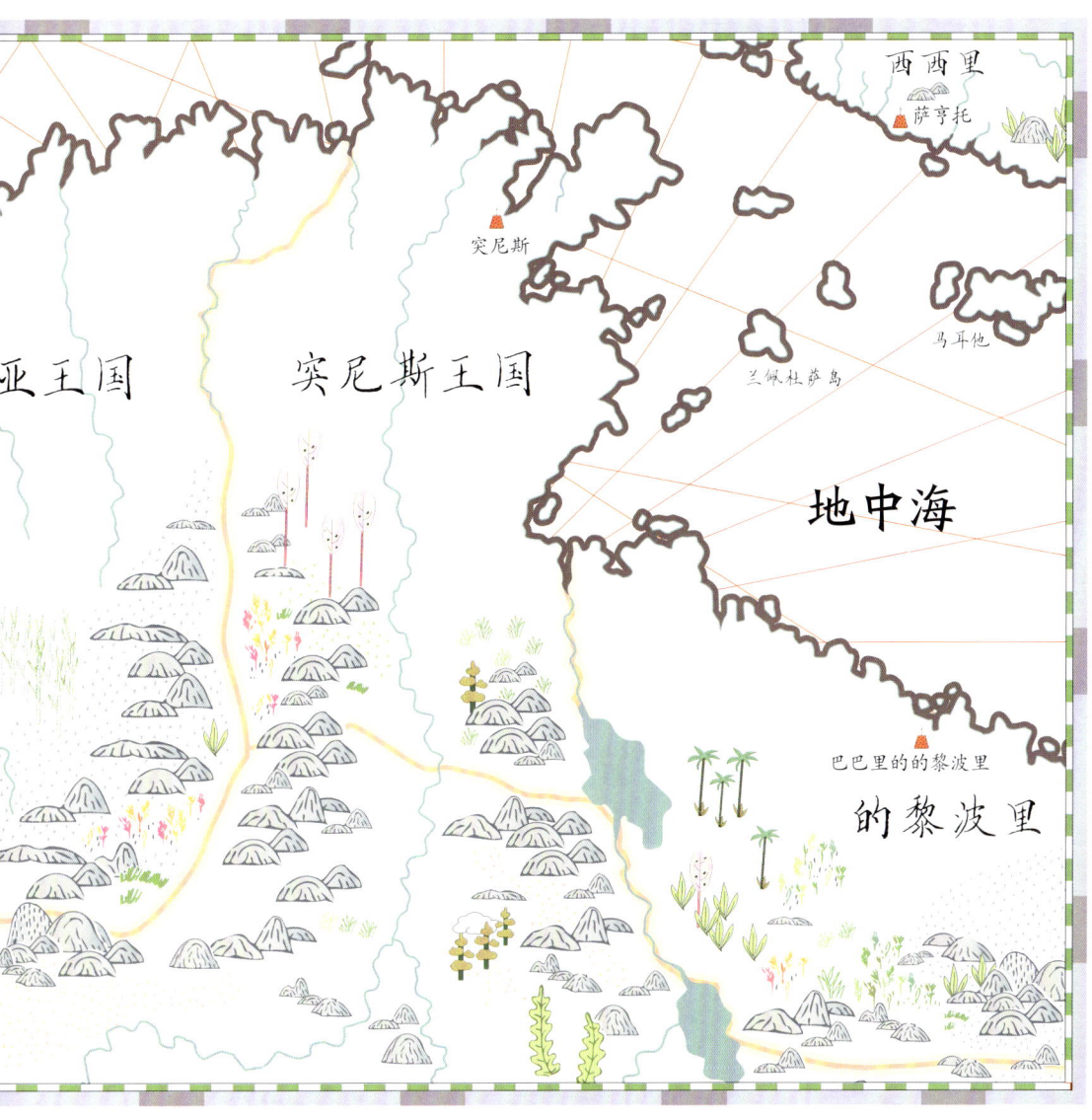

送来的奇珍异宝,以及来自印度、几内亚、巴巴里、亚洲、非洲和欧洲的财富。我要说安特卫普是所有城市中的翘楚……"在利奥·阿非利加努斯的旅行见闻录中,巴巴里占据了一半篇幅。在15世纪和16世纪读者眼里,他笔下的巴巴里坐落在一片欧洲人知之甚少的大陆上,是一个富庶、幸福而繁荣的王国。

博哈多尔角

恐怖之角

在很长一段时间里，博哈多尔角都被认为是已知世界的最南端，也是葡萄牙航海家口中的"恐怖之角"。让我们回忆一下古人设想的世界划分吧：古希腊地理学家将世界分为五大区域，两片温带之间的地区是"热带"（perusta），意思是"被烤焦的地方"。在不与基督教对世界的认知相冲突的前提下，博韦的樊尚[43]、萨克罗博斯科[44]和布鲁内托·拉蒂尼[45]承袭古希腊的传统认知，在他们的百科全书中写道：热带的阳光无比炽烈，以至于该地区根本不宜人居；倘若一位欧洲人不幸在此迷路，很快就会被晒得黢黑。

博哈多尔角地处温带与热带之间，编年史对此地的描述如下："很明显，从这个海角再向前走，没有任何人迹，也没有任何聚居的人口。那里土质多沙，就像利比亚的沙漠，没有水，没有树木，也没有绿草。"

马可·波罗宣称他曾在这一带跋涉，走过附近的数个地区却毫发无损。但在古人的想象中，这片大名鼎鼎的热带地区充满了不可思议的事物，非人力所能到达。对欧洲人而言，它既让人望而生畏，又令人浮想联翩。

最初几次跨越这个受诅咒的海角的尝试都没有成功，而且下场十分悲惨。比如在1346年左右，加泰罗尼亚人海梅·费雷尔在里奥德奥罗河附近失踪。尽管如此，总有旅行者渴望走得更远，比如法国人戈迪菲·德拉萨莱，他想要"发现祭司王约翰的消息，走进他那物产丰富、财富滚滚的领土"。历史学家米歇尔·莫拉·杜·茹尔丹用优美的语句写道，秉承"信仰的捍卫者、击退撒拉逊人的善战者的英雄主义传统，加之想要拜见祭司王约翰的急切心情"，卢西塔尼亚[46]亲王恩里克为尝试冒险的团队提供了资金支持。在冒险家心中，诱人的黄金、奴隶狩猎、香料贸易、不切实际的憧憬和对十字军东征的向往交织在一起。为了追求财富，威尼斯人阿尔维塞·卡达·莫斯托和热那亚人安东涅托·乌索迪玛雷[47]没有被人鱼的歌声吓退，他们从意大利半岛前往葡萄牙，在那里驶向非洲海岸。但是，他们并没有比前辈走得更远，因为他们不敢跨越那处至关重要的海角。

跨越博哈多尔角的念头始终萦绕在恩里克心头。但在很长一段时间里,卢西塔尼亚的航海家们都无法让这位亲王如愿。御用编年史作家兼阿尔卡苏瓦宫的皇家图书馆馆长戈梅斯·埃亚内斯·德·祖拉拉曾介绍过"这些船只不敢跨越博哈多尔角"的原因。《发现与征服几内亚编年史》记录了葡萄牙人从1415年占领休达到1434年航海家吉尔·埃阿尼什[48]跨越神秘的博哈多尔角之间的丰功伟绩。在这本书中,祖拉拉数次视这片海域为未知事物、海难、沉船、肉体与灵魂沦陷的象征。虔信天主的水手断然不会让自己的肉体和灵魂迷失在茫茫大海上,因此,他们拒绝贸然前往未知之地。从某种程度上说,这份源于杰出前辈的谨慎值得赞扬。

为博哈多尔角的故事画上句号的同样是这位戈梅斯·埃亚内斯·德·祖拉拉。在攻下休达之后,葡萄牙人沿着海岸线向非洲发起猛攻。在他们富有远见的亲王航海家恩里克的激励下,葡萄牙水手终于跨过这个大名鼎鼎的海角,他们不仅战胜了大海,也战胜了自己的恐惧。完成这一壮举的是一位名叫吉尔·埃阿尼什的航海家。此行令世人瞠目结舌。与古人的记载相反,航海者们既没有驶入地狱般的沸腾波涛,也没见到有磁性的群山。相反,出现在他们眼前的是植被丰富的土地,还有与其他人类完全无异的当地原住民。1455年,教宗尼古拉五世将博哈多尔角以南至几内亚的所有土地"赐予"葡萄牙国王,特许这些土地"永久归属于"葡萄牙国王。

1460年,葡萄牙航海家第奥古·戈麦斯在回忆博哈多尔角和热带地区引发的恐惧时这样写道:"毫无疑问,出类拔萃的托勒密为我们留下了许多出色的地理学知识,但他在这一点上犯了错。在他假设因过度炎热而无人居住的地带,葡萄牙航海家却发现了一片人口稠密的地区,树木和植被也很丰富。"跨越博哈多尔角以后,葡萄牙人再也没有停下脚步:在白角(拉斯努瓦迪布)之后,还有佛得角、帕尔马斯角、三尖角……他们将绕非洲一圈,开辟一条通往印度的新航线,就此埋没曾经持续数百年的恐惧。

| 奇境之国

刚 果

理想中的极乐乡

"国王若昂二世想探索东印度群岛，便派出几艘船，顺着非洲海岸去探路。他们发现了佛得角岛和圣多美岛，之后沿海岸继续前进，又看到了扎伊尔河。他们发现当地有自由贸易，人们的关系也很融洽，于是一些葡萄牙人就在这里安顿下来，学习当地的语言，与当地人打交道……"在这个史诗般的故事中，葡萄牙探险家杜阿尔特·洛佩斯回忆了他的同胞在15世纪80年代初抵刚果的情形。

1482年，迪奥戈·康在扎伊尔河北岸竖起一块发现碑，以葡萄牙国王的名义宣示对这片土地的"占有"。扎伊尔河将这片土地分为两个王国：扎伊尔河以北是卢安果，以南是刚果。在这一带，葡萄牙人得到了他们期待的精神成果：刚果国王在1491年皈依了基督教。

许多著作都记载了卢西塔尼亚人在刚果、几内亚和圣多美一带的跋涉经历。若昂·德·巴罗斯[49]用《亚洲十年》中的整个第一卷来介绍这段历史。菲利波·皮加费塔[50]以葡萄牙旅行家杜阿尔特·洛佩斯的笔记为基础，创作了《刚果王国记事》，这本书最早于1591年在罗马以意大利文出版，拉丁文版先后于1598年和1624年收入德布里兄弟的"旅行见闻书系"。在这些书册所附的非洲地图中，尼罗河汇入扎伊尔境内的一片湖泊，湖里生活着大批奇怪的"海马"。从古代地图上看，刚果南部的月亮山与所谓的"黄金山"挨得很近。旅行者和这些著作的读者都为这片此前完全不为欧洲人所知的土地而倾倒。刚果的动物也让人浮想联翩。光怪陆离的作品集中记录了浑身是刺、长着人手、尾巴呈盾牌形的鱼，也有电鳐或电鱼，还有飞鱼。继波瓦尔神父的故事之后，小说家阿尔梅达提到过一种怪鸟，问道：这会不会是阿拉伯传说中的大鹏，也就是《辛巴达历险记》中描述的那种鸟呢？

有一种传统说法一直认为，伊甸园就坐落在以印度河为界的神秘非洲的东边。希罗多

> 光怪陆离的作品集中记录了浑身是刺、长着人手、尾巴呈盾牌形的鱼，也有电鳐或电鱼，还有飞鱼。

德在其著作《历史》中描绘的富饶景象成了热带地区的典范。乌托邦文学《已知的南方土地》是加布里埃尔·德·富瓦尼[51]的作品，在标题为"萨德尔先生在刚果王国的旅行"的第二章中，这个非洲王国是名副其实的人间天堂，丰饶富庶，充满幸福。据萨德尔观察，刚果王国的人口不到葡萄牙的一半。经过一番思考，他认为当地人口稀少的原因在于，原住民很少花费精力去耕种土地，因此难以传宗接代。《已知的南方土地》中的刚果是一个神话般的国度，土壤肥沃到"无需劳作都能收获丰盛的果实"。这里的物产实在太过丰美，以至于让人变得"随性、懒惰、单纯而愚蠢"。而这片土地也将对萨德尔及其同伴产生同样的影响。

在王国首都马宁加停留几天之后，萨德尔从船长那里获得许可，沿"扎伊河"（即今天的刚果河）溯流而上，"一直抵达与河流同名的湖泊"。眼前所见的一切让他目瞪口呆，甚至让他怀疑听到他描述的人是否会相信他。这里的动物形态奇异，水果奇迹般地茂盛生长，植物茂密得出奇。在欧洲，谁能想到世上竟存在如此宜居的自然环境和如此奇形怪状的动物呢？萨德尔进一步对这些地区深入探索，在尼罗河畔稍加休息之后，他继续沿河而上，一直走到了库阿马河的源头。这条大河很可能就是今天的赞比西河，作为其源头的两条溪流"从面向南方、西班牙人称为月亮山的高山间奔流而下"。关于历史学家所说的栖息在这一带的怪物，萨德尔称他们是"不能算作人类的野蛮族群，欧洲人称他们为卡非人，而当地人则叫他们托尔迪人"。在旅途的尾声，萨德尔和他的同伴们决定沿卡里扎河顺流而下，回到马宁加。

富瓦尼笔下的刚果比今天的整个中非地区还要大。辽阔的土地、美丽的植物和奇异的动物让它成为传说中的国度。所有旅行者的讲述和宇宙志学家的描写都一再强调，刚果地大物博,物产丰富,能满足当地原住民的一切需求。有些描述让人联想到理想中的极乐乡,那里又叫"懒人国",是不必为生存而劳作的天堂。

后来,神话逐渐改变,刚果从富庶的王国变成了黑暗深渊的腹地,让旅行者产生骇人的联想和无尽的恐惧。在他们口中,刚果遍地猛兽横行,到处都是敌视白人、残暴好战的部落。

麦罗埃

甘达刻女王的天下

从公元前3世纪到基督教诞生后的公元4世纪，麦罗埃王国在青尼罗河与阿特巴拉河之间蓬勃发展。在古代，根据与《圣经》有关的记载、当地和古埃及的文献，麦罗埃被称为"库施王国"。古希腊和古罗马历史学家则将这个王国及其附近的土地笼统地称为埃塞俄比亚，意思是"面孔焦黑之人的国度"。在古人（尤以西西里的狄奥多罗斯[52]和斯特拉波为代表）眼中，这个笼统的地理术语还包括"麦罗埃岛"，那是一大片由三条河流围出的土地，西边是尼罗河，西南是青尼罗河，东北是阿特巴拉河。根据希罗多德在《历史》中的记载，要到达麦罗埃，必须从象岛出发，"沿河走上十二舍恩[53]，经过一座名为塔孔普索的小岛之后，上岸沿尼罗河步行四十天，避开锋利的暗礁和露出水面的岩礁，再在河上航行十二天即可抵达埃塞俄比亚的都城"。

这一惊人文明的起源可以追溯到公元前3千纪。在强大的埃及帝国附近，一个名叫科尔玛的王国默默发展，尽管疆域有限，却迅速繁荣起来。骄傲的埃及可不会容忍这个王国在它身边毫发无伤地发展壮大。经过多番征战，埃及终于击溃这个国度，将其吞并到自己的版图之中。然而，在公元前8世纪，又一股独立的力量在更靠南的地区建立了全新的那帕塔王国。但与科尔玛一样，那帕塔在强悍的邻居面前也很快无以为继。这一次，是亚述人侵略了那帕塔，迫使当地人投降或背井离乡。选择离开的那帕塔幸存者流落到更南方，又建立起一个王国，这就是麦罗埃。在七个世纪的时间里，它一直是古代世界最灿烂的文明之一。麦罗埃王国深受托勒密王朝时期的埃及、亚历山大大帝时期的希腊、波斯、罗马帝国等强邻的影响，修建了许多大型墓地和金字塔。公元前1世纪初，麦罗埃王国进入全盛时期，以辉煌的文化和女王们的智慧而著称。麦罗埃的女王都拥有"甘达刻"的头衔。也正是从那时起，罗马人开始觊觎这个王国。公元前33年，甘达刻阿玛尼沙克赫图拒绝投降，她派军前往王国北部，正面迎击罗马军团。被打败的罗马人备感耻辱，从此放弃了对麦罗埃的征服。这个王国的生命又延续了好几个世纪，最后和许多文明一样神秘消失。

但故事并未就此结束。19世纪初,被总督穆罕默德·阿里任命为官方矿物学家的探险家弗雷德里克·卡约沿尼罗河谷地逆流而上。他将成为最早深入埃塞俄比亚的欧洲人之一。1821年4月,他终于见到了麦罗埃王国的遗迹。他写道:"远远看见一大群金字塔的尖顶,太阳刚刚跃出地平线,阳光将塔顶渲染成一片金色,请诸位想象我当时的喜悦之情吧!"在此之前,麦罗埃只存在于《圣经》和古代文献中,是传说中的王国。它终于不再只是一个传奇。

> 在七个世纪的时间里,地处青尼罗河与阿特巴拉河之间的麦罗埃王国一直是古代世界最灿烂的文明之一。

回到法国后,弗雷德里克·卡约在《麦罗埃行纪》中讲述了他的非凡发现。后来,卡约定居在法国南特,在那里担任自然历史博物馆的馆长。毫无疑问,他相信自己已将麦罗埃王国奇观的精髓发掘殆尽。但他不知道的是,日后一位名叫朱塞佩·费利尼的探险家将发现更令人称奇的珍宝。这位意大利人是穆罕默德·阿里雇用的军医,他抱着发现宝藏的想法前去参观麦罗埃古王国都城的遗址。毕竟,海因里希·施里曼都发现了普里阿摩斯王的宝藏,他为何不试一试呢?于是乎,费利尼带着卡约的著作来到遗址现场,根据卡约绘制的平面图和速写,让人一块块石头地拆毁了数座金字塔。一开始,他什么也没找到。但接下来,他毫不犹豫地用上炸药,这才发掘出一处神话中的宝藏,让坚持得到了回报。他找到的是所有麦罗埃甘达刻中最负盛名的阿玛尼沙克赫图的宝藏!她就是狠狠教训罗马军团、让人民在和平中又生活了数百年的那位女性,反抗者阿玛尼沙克赫图,骄傲的女王阿玛尼沙克赫图!费利尼将这笔宝藏卖给了慕尼黑和柏林的博物馆,而他身后留下的却是名副其实的废墟。

在这之后，麦罗埃依然让掠夺者和冒险家心醉神迷，同时也吸引着能够拯救它的考古学家的目光。直到今天，这座神秘的城市仍未透露它所有的秘密，因为我们还没有完全破译麦罗埃的文字。

穆塔帕王国

黄金与钻石的王国

在从前的地图上,以大写字母书写的"穆塔帕王国"(MONOMOTAPA),横亘在非洲的南部。地图绘制者对黑色大陆尽头的这片地区几乎一无所知,他们只好根据旅行者的叙述,用这个名字来填补地图上这个区域的无垠空白。

在各大洲中,非洲不为欧洲人所了解的时间是最久的。旅行者们只探索过这片大陆的沿海地区。地图绘制者们想方设法地填补地图上的大片空缺,他们先在这些土地上画满怪兽,后来塑造出一个神话中的国度——穆塔帕王国。

葡萄牙人为了前往印度而沿非洲海岸线航行。航行期间,他们在沿途建立了一些据点。索法拉、克利马内、莫桑比克城、蒙巴萨、马林迪等聚居地便应运而生。葡萄牙人从当地原住民处得知,在遥远的地方有一个神奇的王国,名叫俄斐,那里有取之不尽的金矿。为了找到它,殖民者们执着寻觅了许多年,最终,他们发现了——或者说发明了穆塔帕。1508年,杜阿尔特·帕谢科[54]在其著作《埃斯梅拉尔多世界概论》中写道:"我们的船长发现了人人皆认为属于俄斐王国的大矿藏,现在我们称之为索法拉。"可是,那里的黄金并没有他们期待的那么丰富。因此,传说中的俄斐王国想必不是这里,而是别处。他们要再次出发。1514年,安东尼奥·费尔南德斯船长离开索法拉,沿着赞比西河探索内陆的纵深处。他深信,这条大河是深入黑色大陆腹地、抵达俄斐王国的最安全的道路。在此行中,他们又沿河建立起几个据点。半个世纪后,传教士们抵达了一个在各方面都与俄斐十分相似的地区。

奥斐亚王国由尼亚特西姆巴国王建立,他的头衔"姆韦尼·穆塔帕"(Mwene Mutapa)标志着他身为军事和宗教领袖的地位,这原本是对君主本人的尊称,却被旅行者曲解,很快便成了对王国本身的称呼。后来,商旅、传教士和编年史家在各自的故事和书信,甚至在皇室和宗教信函中都沿用这个名称。1660年,葡萄牙传教士们见到了尼亚特西

姆巴的儿子马托波。他继承的是一个盛产琥珀、树胶、象牙和黄金的王国。然而，令年轻的葡萄牙国王塞巴斯蒂昂大为光火的是，穆塔帕王国并没有变成另一个秘鲁。穆塔帕的臣民可不愿轻易任人劫掠，面对入侵者，他们展开了激烈的抗争。但是，葡萄牙人没有放弃他们对黄金的梦想。他们派出一支又一支远征队，四处寻找藏有黄色贵金属的矿脉，探索穆塔帕的周边地带——关于这个王国的传说始终没有停止。

在葡萄牙，历史学家若昂·德·巴罗斯在《亚洲十年》的第十卷中写到了穆塔帕，是最早提及该王国的人之一。当时这个王国的名称还没有完全确定，巴罗斯称其为"贝诺穆塔帕"（Benomotapa）。他对该国的政治制度、君王的一夫多妻制和君王享受到的尊崇都赞叹不已。耶稣会会士路易斯·弗罗伊斯以穆塔帕国王的一位朋友写给他的信为依据，描述了穆塔帕宫廷极具特色的盛大仪式和御前礼节，细节十分丰富。穆塔帕宫廷可与欧洲最大的宫廷相媲美。不过，真正让穆塔帕跻身黑色大陆最迷人地区之列的，当数菲利波·皮加费塔和若昂·多斯·桑托斯的记述。身为教皇内侍的菲利波·皮加费塔以葡萄牙旅行者杜阿尔特·洛佩斯的笔记为基础，用意大利文撰写了《刚果王国记事》，于1591年在罗马出版。他写道："在马戈尼斯河（今林波波河）与库阿马河（今赞比西河）这两条大河之间，就是穆塔帕帝国，那里有大量金矿。当地人将黄金出口到周边各邻国，运往索法拉和其他非洲王国。据说，所罗门建造耶路撒冷圣殿的黄金就来自这些地区。……在穆塔帕一带，人们发现了许多古老的建筑，这些遗迹是浩大工程和高超建筑技术的见证。……但周边地区却没有发现这样的建筑。……这个帝国幅员辽阔，人口众多，他们信仰异教，文明程度极低。他们肤色黝黑，在战斗中表现勇猛，跑得很快。……许多国王都是穆塔帕的封臣。……穆塔帕帝国南端与好望角的领土接壤。"

作为被派往印度的多明我会传教士，若昂·多斯·桑托斯取道非洲南部，在1586年至1597年间都留在非洲。1600年回到葡萄牙后，他撰写了一部将自己的亲身经历与阅读所得融为一体的杰出作品。尽管这本书的标题是《东埃塞俄比亚》,但书中描写的是穆塔帕王国。若昂·多斯·桑托斯希望详尽无遗地记录一切,此书内容涵盖地形、人口、民俗、宗教活动、动物、植物、各种财富等主题。在他之后,宇宙志学者争相超越彼此,不厌其烦地描述穆塔帕宫廷的辉煌和多产的金矿。到17世纪和18世纪,穆塔帕甚至继承了中世纪末期祭司王约翰的传奇王国具备的一切特征。

> 当地人将黄金出口到周边各邻国,运往索法拉和其他非洲王国。据说,所罗门建造耶路撒冷圣殿的黄金就来自这些地区。

芒贝图王国

黑暗腹地

激发西方旅行者想象力的地方并非只有刚果、穆塔帕、示巴王国和好望角。19世纪末正值殖民时代的巅峰，此时的芒贝图王国也处于鼎盛时期。芒贝图王朝的开创者纳比恩巴利国王来自努比亚。芒贝图人与姆巴提人结盟，后于17世纪定居在今天的刚果地区。到19世纪，在君主姆恩撒的统治下，芒贝图人将阿拉伯人赶出自己的领地，并与邻居尼亚姆-尼亚姆部落——大名鼎鼎的"长尾族"——发生了冲突。

19世纪下半叶之初，即19世纪60年代与70年代之交，旅行家、博物学家格奥尔格·施魏因富特[55]见到了芒贝图人，并与他们共同生活了一段时间。在洪堡基金会的资助下，施魏因富特前往尼罗河流域的上游进行探索，随后来到了芒贝图国王姆恩撒的宫廷。这位可怕的君王因为将阿拉伯人和尼亚姆-尼亚姆人赶出自己的国家而声名远扬。与足智多谋的祖鲁首领恰卡一样，姆恩撒的恐怖和残忍让他的敌人和臣民都感到畏惧。他的宫殿矗立在茂密的森林腹地，掩映在郁郁葱葱的树木之间，令施魏因富特赞叹不已。而他据此写成的故事《在非洲的心脏地带》也令许多读者沉醉。

> 人肉与象肉、狗肉、野禽肉一样，是他们日常饮食的一部分。

当施魏因富特与阿拉伯酋长阿卜杜·萨马特结伴进入芒贝图人的领地时，他与同伴一样，都是为了找寻传说中尼罗河的源头。对他而言，芒贝图只不过是一个中途落脚的地方。虽然他有幸成为第一位获准进入姆恩撒国王宫廷的白人，但这份珍贵的特权并未取得预期的成果。这位专制的君主一心维持对努比亚出售铜的商业垄断地位，不允许这位来客继续向南前进。因此，年轻的探险家不得不在当地停留，这反倒让他能够细细探索当地风俗与西方的不同之处。芒贝图人有食人的习惯。施魏因富特细致入微地描写了他们只允许男人参加的狂欢。人肉与象肉、狗肉、野禽肉一样，是他们日常饮食的一部分。敌人的领土对他们而言无异于狩猎场："在战斗中倒下的人当场被肢解，切成长

条形的肉块，甚至被制成熏肉，当作口粮储备起来。"囚犯和儿童则被视为仅供国王享用的美味，他们被圈养起来，以供日后之需。芒贝图人的食人行为并没有让施魏因富特大惊失色。他以波澜不惊的口吻娓娓道来：女人们聚在一起，"用热水烫洗尸体的腹腔，和我们在熏烤猪皮后烫猪毛、刮猪毛的手法完全一致。这番操作让尸身的黝黑皮肤变成了青灰色。几天后，我注意到，在一间房子里，一条人的手臂挂在火上，显然是在制作熏肉"。利用当地人的狂欢，施魏因富特收集了许多难得一见的头骨，这些后来都成了柏林博物馆的收藏。在芒贝图人中生活三周之后，施魏因富特踏上归途，被迫结束了这次尼罗河探源之旅。这位德国探险家亲眼所见并记录下来的芒贝图王国及其宫廷没有持续太久。1873年，暴君姆恩撒被推翻并遭暗杀，他的宫殿被付之一炬，王国也支离破碎。然而，姆恩撒的统治和宫殿富丽堂皇的盛景却一直留在世人的记忆里，一方面得益于施魏因富特无可替代的见证，另一方面也多亏了施魏因富特的诸多后继者——儒

勒·凡尔纳[56]便是其中之一。《大丛林》可能是凡尔纳的"奇异旅行系列"中最不为人知的一部,在这部作品中,这位小说家讲述了丛林民族——瓦戈第斯人——的故事。

> 囚犯和儿童被视为仅供国王享用的美味,他们被圈养起来,以供日后之需。

在故事中,以芒贝图人为原型的瓦戈第斯人伴随舒伯特的音乐《自由射手》[57]翩翩起舞,他们是18世纪和19世纪博物学家苦苦寻找的缺失的关键一环。一代代人类学家追随儒勒·凡尔纳的脚步,以大量文献资料为依据,前往非洲寻找芒贝图人和尼亚姆-尼亚姆人的后裔,希望一瞥非洲中部最后的食人族。然而他们遍寻非洲却一无所获。尽管这种行为在姆恩撒国王的时代或许一度十分普遍,但大部分关于食人习俗的记载都是西方殖民者津津乐道的对邪恶"野人"的传说和想象。

祭司王约翰之国

神秘莫测的基督教领土

1441年,在佛罗伦萨大公会议上,与会代表得知非洲大陆东部存在一个神秘的基督教王国。会议期间,神父们就困扰东西方基督徒的教派分立问题展开了针锋相对的讨论。仿佛气氛还不够白热化似的,会上有几个人自称来自一片被偶像崇拜者占据的土地,他们说,在含的领土[58]腹地有一群虔信基督的人!如果这则消息属实,将是不可思议的奇闻!

1447年,一位出身于贵族世家的热那亚商人安东尼奥·马尔凡特抵达阿尔及利亚小城霍纳因。接着,他来到撒哈拉沙漠中的城市锡吉勒马萨,之后又沿着阿拉伯旅行家伊本·白图泰的足迹一直走到图瓦特。当他走到塔曼提特时,他向上级乔瓦尼·马里奥诺提交了一份报告,讲述了他在这一带的探险经历。在这份汇报信中,他将尼日尔河和尼罗河混为一谈,这是那个时代的人经常犯的错误。他还写道:"根据我的理解,这些人应该是印度人的近邻。印度商人常来这些地区,借助翻译人员与当地人沟通。这些印度人是基督徒,是十字架的崇拜者。"在乔瓦尼·马里奥诺看来,这些话扫清了所有疑点:这片地区确实存在一个神秘的基督教王国。1450年,皮耶罗·兰布罗在那不勒斯拜见多明我会修士皮耶罗·兰扎诺。兰布罗自称是一位祭司王派来谒见阿拉贡国王的大使,他讲述的个人经历离奇得难以置信:他是祭司王约翰朝中的老臣,娶了一位埃塞俄比亚女子为妻,两人生下的七个孩子全都"以拉丁世界的方式,在天主教信仰中"长大成人,他曾先后出使神州、印度和锡兰,现在,祭司王约翰亲自任命他为前来拜见阿拉贡国王的特使。

兰布罗描述的祭司王约翰的王国让皮耶罗·兰扎诺惊得目瞪口呆。据说,祭司王约翰的帝国位于阿比西尼亚,即今天的埃塞俄比亚。他统治着十二个由亲王、祭司和商人督管的王国,实行严格的等级制度。那里的国民说迦勒底语,而且都是受过洗礼的基督徒,他们身上还有烙铁烙出的印记。这段目击证词足以让人惊骇,但更夸张的是,兰布罗还

> 会上有几个人自称来自一片被偶像崇拜者占据的土地，他们说，在含的领土腹地有一群虔信基督的人！言之凿凿地说，祭司王是示巴女王的直系后裔，他麾下有一支由数百名骑兵和六千头大象组成的大军。这支队伍的规模远在汉尼拔的军队之上！兰布罗还赠给多明我会修士兰扎诺一张地图，上面标明了从埃及的亚历山大城前往神话般的基督教王国的最佳路线……

葡萄牙君主若昂二世决心找到这个宏伟而传奇的非洲基督教王国，他派出一支远征军向那里进发。虽然埃塞俄比亚远离通往印度的贸易路线，但那又何妨？若昂二世充分把握这次机会，命令他的一位船长——佩罗·达·科维良——趁此行寻找经红海抵达印度洋的道路。

科维良从亚丁出发，随后依次抵达卡利卡特和霍尔木兹，最后来到索法拉。他来到神话中祭司王约翰的宫廷，以客人的身份留在那里，直到离开人世（这是1520年以后的事了）。这次远行成果颇丰。继若昂二世之后登上葡萄牙王位的"幸运儿"曼努埃尔一世最终与祭司王建立了联系。与此同时，笼罩着祭司王约翰的重重迷雾也终于揭开了一角：原来他不是别人，正是相信基督一性论[59]的阿比西尼亚皇帝——尼格斯。1520年，大使罗德里戈·德·利马在多明我会修士弗朗西斯科·阿尔瓦雷斯的陪伴下前往祭司王约翰的宫廷。他承担着一系列繁重的外交任务，包括对当地进行地形勘探，借机寻找一条全新的贸易路线，还要让这个非洲基督教王国投入罗马教廷的怀抱，并寻求与之结成共同对抗突厥人的联盟。真乃宏图大略！

1540年，弗朗西斯科·阿尔瓦雷斯回到葡萄牙，出版了一部记录他在祭司王约翰之国见闻的综述，题为《印度的祭司王约翰》。结合佩罗·达·科维良收集的文献资料与他本人的亲身观察，阿尔瓦雷斯对尼格斯的王国进行了翔实而准确的描述。尽管此书遭到了若昂·德·巴罗斯的批评，但还是被多次重印并翻译成多种语言，而且在相当长的一段时间里始终是唯一介绍祭司王约翰之国的严肃文献。

但是，在该领域最受瞩目的著作当数菲利波·皮加费塔的《刚果王国记事》（从某种程度上说，这本书受到了若昂·德·巴罗斯著作的启发），正是这本书中精彩纷呈的描述让祭司王约翰的国度真正成为旅行者心目中的传说之境："现在，我们必须提一提祭司王约翰的帝国，他是全非洲最伟大、最富有的国王。他的王国……直抵红海，毗邻黎凡特，向北直达埃及和努比亚沙漠，向南到达莫诺姆吉。这位基督教国王的帝国方圆大约四千英里。……国民肤色各异，有白种人、黑种人和混血儿，他们身材优美，性情开朗。……他们是基督徒，但也保留了某些希伯来习俗。……祭司王约翰最常居住的城市也是其宫廷所在地，名叫贝尔马基。他统治着许多行省，每个行省都有一位国王。这个国度十分富庶，盛产金银和宝石……"祭司王约翰之国的神话一直到16世纪末，都令世人浮想联翩。

示巴王国

女王的黄金

示巴王国的传说与祭司王约翰的故事有不少相似之处。当然，与所罗门王的黄金也存在千丝万缕的联系。

1400年左右，来自西西里岛的年轻人皮耶罗·兰布罗踏上了探索世界的旅途。千里之行始于足下，他从西西里岛的墨西拿出发，依次走过意大利半岛、法国南部和西班牙。接着，他在威尼斯登上了驶向巴巴里的航船，在接下来的二十年里都在非洲大陆的北部寻访游历。1430年前后，他在开罗偶遇埃塞俄比亚国王尼格斯的大使。欧洲的基督教团体认为尼格斯国王就是祭司王约翰，在含的领土上统治着辽阔的基督教国家。这位大使邀请兰布罗前往尼格斯的宫廷拜谒。

皮耶罗·兰布罗见多识广，而且精通多门语言，因此迅速得到了尼格斯国王的赏识，被国王任命为出使神州、印度、塔普罗巴纳、阿拉贡王国和那不勒斯的使节。1450年，在那不勒斯，兰布罗遇到了一位和他一样来自西西里岛的多明我会修士，他向对方绘声绘色地描绘了那个神奇的非洲基督教王国，以及那位他有幸为其担任使节的可敬君王。听完同乡兰布罗的叙述，这位修士毫不怀疑他所说的王国正是传说中在含的领土上建立的祭司王约翰之国。此前的旅行者曾多次提及这个国度，但从未准确指出它的位置。因此他确信，这位君主一定是大名鼎鼎的祭司王约翰。

皮耶罗·兰布罗还提供了关于另一位传奇人物——示巴女王的消息。为了证明他对当地的了解，兰布罗言之凿凿地说，撒拉逊人将这片土地称为"哈拔斯"，拉丁人则称其为"阿巴西亚"，即今天的埃塞俄比亚。他说，统治此地的尼格斯国王是示巴女王的直系后裔。示巴女王是何许人也？许多口耳相传的奇闻异事中都出现过示巴女王。根据《圣经》记载，她美貌绝伦，曾前往以色列拜访所罗门，赠给他许多香料、宝石和黄金作为礼物。所罗门则敞开宫门欢迎她，带她参观自己的宫廷和王国。示巴女王被以色列王国

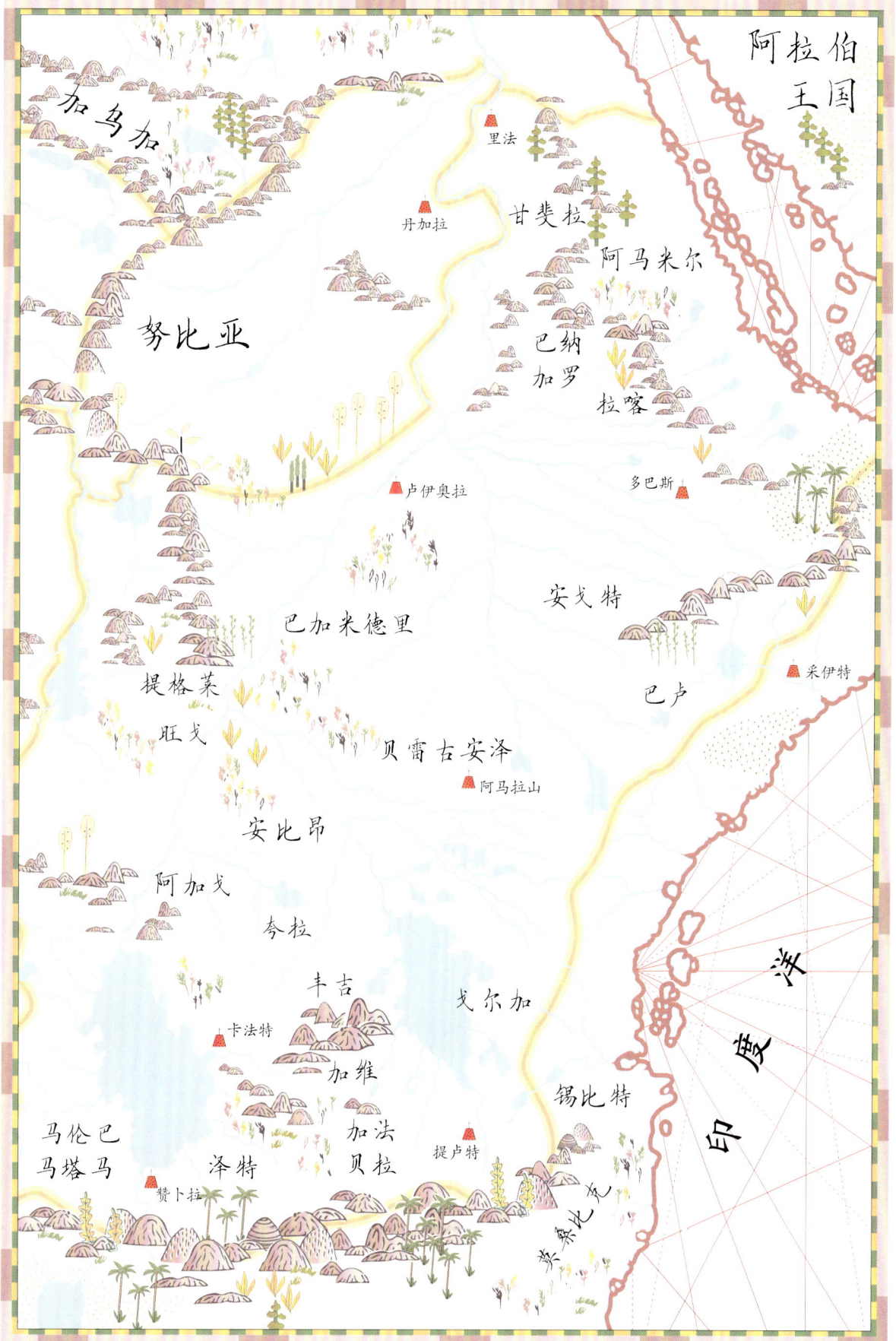

> 数十年间,许多对示巴王国了解程度各异的旅行者纷纷奔向非洲大陆,在巴巴里、努米底亚、利比亚和黑人之地以南的部分搜寻示巴王国的踪迹。

的盛景折服,不禁赞美上帝让所罗门这样的睿智伟人坐上以色列的王座。后来,她回到了自己的王国。《古兰经》也记载了类似的传说,还补充道,女王在结束这次访问后便皈依了"唯一真主的信仰"。

但在另一些版本的传说里,示巴女王却被塑造成用美色和法术引诱所罗门的女巫,就像非洲版的喀尔刻或卡吕普索。在克洛斯特新堡修道院,一幅12世纪末的祭坛装饰屏就将示巴女王描绘成了诱惑者的形象。到15世纪,在德意志莱茵河地区的肖像画中,示巴女王时而是满头金发的黑人,时而是肤白胜雪、充满诱惑、有恶魔随侍左右的女巫。但所有传说都认同一点:她拥有无尽的财富。数十年间,许多对示巴王国了解程度各异的旅行者纷纷奔向非洲大陆,在巴巴里、努米底亚、利比亚和黑人之地以南的部分搜寻示巴王国的踪迹。

因此,当探险家在17世纪初发现古津巴布韦王国遗址和几处旧矿场时,他们相信自己找到了示巴王国的俄斐古城。《圣经·列王记上》有详细记载,示巴女王从俄斐带来了香料、宝石、黄金、象牙、奴隶、猿猴和孔雀。而若昂·德·巴罗斯在《亚洲十年》中认定,探险家发现的废墟正是示巴女王当年储藏财宝的仓库遗迹。在《刚果王国记事》中,菲利波·皮加费塔在介绍穆塔帕王国时言之凿凿地写道,俄斐的黄金产量实在太高,当地人只好将放不下的黄金出口到周边国家和地区。

学者们将示巴女王的传说与所罗门王的故事联系在一起,并据此推断:所罗门在耶路撒冷修建圣殿的黄金一定来自示巴王国。

所罗门王的宝藏和示巴王国的传说本可能渐渐被人淡忘,但在19世纪末,英国小说家亨利·莱特·哈格德的成名作《所罗门王的宝藏》让这段传奇在人们的想象中恒久流传。

在哈格德的时代,非洲仍然是一片相对陌生的大陆。哈格德充分利用这座大陆的神秘色彩,讲述了一队探险家前往非洲寻找失踪亲人的奇遇。在寻亲的过程中,他们发现了所罗门王的非凡宝藏。这部小说和据此改编的多部电影让一代代读者和观众着迷,但并不是因为它的情节引人入胜——历险记在那个时代已是十分常见的主题,而是因为作者善于抓住公众的好奇心,将陌生大陆的黄金和钻石与古代国王和女王的精彩传说巧妙地融于一体。

尼罗河的源头

通向天国的道路

众所周知,尼罗河是令人叹为观止的奇景。它在地球上最干旱的沙漠之一滋养生命,还见证过最具魅力的人类文明的蓬勃发展。长久以来,尼罗河源头之谜一直是激发旅行者、宇宙志学者和地图绘制者无尽想象的奥秘之一。摩西曾被丢进尼罗河,雅赫维[60]也曾在尼罗河显露神迹。尼罗河厚重的历史似乎与神本身的历史一样久远,因此,对于它通向人间天堂的说法,我们又有什么好惊讶的呢?此外,寻找这条河的源头也是历代探险家和学者探寻《圣经》中伊甸园的关键线索。

虽然马丁·贝海姆的世界地图存在一些错误,但这位德国宇宙志学者的优点在于:对于具体位置存在争议的地点,他从不会将其从地图上抹去,包括冰岛、圣布伦丹岛、神州、西潘戈、佛得角、好望角、月亮山和尼罗河的源头。他将尼罗河的源头画在辽阔的埃塞俄比亚境内。

1540年,曾陪伴罗德里戈·德·利马大使出访的弗朗西斯科·阿尔瓦雷斯出版了《印度的祭司王约翰》,讲述他旅居祭司王约翰的国度的经历。他说,这个王国坐落在尼罗河的源头附近,但没有说明具体位置。十年后,詹巴蒂斯塔·拉穆西奥的《航海记与旅行记·卷一》中引用了利奥·阿非利加努斯对"非洲"的详细记载,这篇文章将非洲分为四大部分:巴巴里、努米底亚、利比亚和"黑人之地"。正是在这最后一部分,利奥·阿非利加努斯阐述了他对尼罗河源头之谜的看法。他解释道,尼日尔河横贯整个黑人之地,其水源来自非洲大陆东部的一个大型湖泊,尼罗河也发源于这片大湖。而在同一时期,其他作者却认为"尼日尔河是尼罗河的一条支流,它流入地下,然后在此地涌出地表,因此形成了这个湖泊"。

1578年,杜阿尔特·洛佩斯先后探索了刚果和安哥拉,此行很可能是为了找到赞比西河。杜阿尔特·洛佩斯同样在探寻非洲各条大河的源头,他四处收集有关尼罗河源头

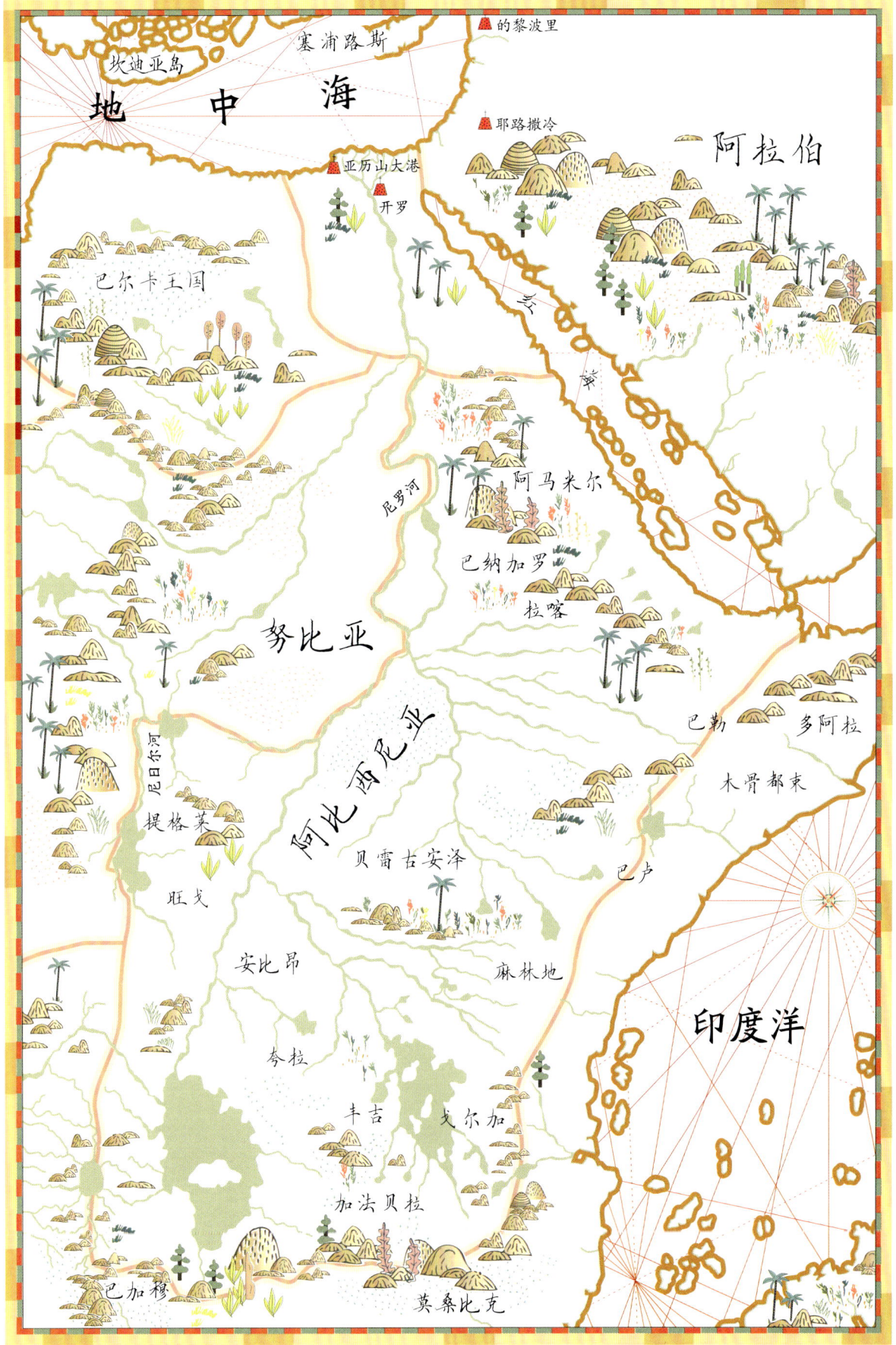

它在地球上最干旱的沙漠之一滋养生命，还见证过最具魅力的人类文明的蓬勃发展。长久以来，尼罗河源头之谜一直是激发旅行者、宇宙志学者和地图绘制者无尽想象的奥秘之一。摩西曾被丢进尼罗河，雅赫维也曾在尼罗河显露神迹。

的信息，但得到的结果众说纷纭、充满争议。与他的同时代人一样，杜阿尔特·洛佩斯根据收集的资料确定所有这些大河都诞生于一个共同的源头，而这个源头无疑就在大湖区。但是，他没有掌握任何准确的信息，寻找这个源头的尝试最终也以失败告终。

1607年，多明我会传教士若昂·多斯·桑托斯出版了著作《东埃塞俄比亚》，此书主要侧重于介绍穆塔帕王国。作为一位在索法拉生活过十年（1585—1595年）的基督徒，他的记录十分珍贵。与其他介绍该地区的同胞一样，他也探讨了"尼罗河源于何处"这个无法回避的问题。他四处搜集资料，最终得出结论，认为尼罗河之源就在赞比西河、刚果河和基训河（当时被认为是发源于人间天堂的四条河流之一）的源头附近。

1618年，派斯神父出版了一部《埃塞俄比亚史》。当他一一写下自己的见闻时，他还不知道自己是最早抵达并描述塔纳湖（青尼罗河的源头）的欧洲旅行者之一。1626年，德国地理学家菲利普·克卢弗的《新旧世界地理概论·卷六》在其去世后出版，此书着力追溯自古以来世界各部分的发展进程。书中介绍了亚特兰蒂斯之谜、许珀耳玻瑞亚之谜和大名鼎鼎的尼罗河源头之谜。但他没有给出确切的答案。

为了解决这个棘手的问题，地理学家、地图绘制者和宇宙志学者选择在非洲腹地画出一整片巨大的湖泊，或者说是由无数湖泊组成的大湖区，黑色大陆所有的大河——赞比西河、刚果河、尼日尔河和尼罗河——都发源于此。乌托邦主义者也不甘落后。加布里埃尔·德·富瓦尼在《已知的南方土地》中写道，库阿马河与尼罗河出自同一个源头，它们都诞生于黑色大陆腹地的一个巨型湖泊。直到1863年,英国人约翰·斯皮克、塞缪尔和弗洛伦丝·贝克才最终揭开尼罗河源头的谜底[61]。

好望角

风暴角

14世纪，世人对非洲的了解仅限于巴巴里、利比亚和埃塞俄比亚，即罗马人在地中海沿岸发现的地区。虽然阿拉伯人（先是阿拉伯商人，后是阿拉伯学者）让埃及和阿比西尼亚为世人所知，但这片大陆南部的酷热地带仍然是未知的疆土。人们想象那里是一片被阳光炙烤的焦土，完全不适宜人类生存。人们想象那里生活着神话般的动物和怪兽般的种族：无头人、一足人、独眼人、犬头人。

在航海家恩里克的推动下，对绘制地图充满热情的葡萄牙水手纷纷启航，前去探索非洲大陆的西海岸。他们十分谨慎，生怕被海怪出没的汹涌浪涛吞噬，一想到船帆起火的画面便胆战心惊。虽然如此，他们跨越一个又一个海角，下定决心要开辟通往印度的新航线。1434年，吉尔·埃阿尼什顺利驶过博哈多尔角——在此之前，人们一直认为博哈多尔角是无法跨越的天堑，一旦跨过这里再向前航行，就永远回不去了。这一壮举打破了当时困扰葡萄牙水手的迷信。1488年，巴尔托洛梅乌·迪亚士·德·诺瓦伊斯行至一处海角，在海角边，一座高山矗立在桌面般平坦的平原上。附近狂风大作，声声呼啸，因此，他将此地命名为"风暴角"。抵达非洲大陆的最南端之后，他打算继续沿东部海岸北上。然而，船员们对未知的前方感到惊恐万分，他们迫使他在因凡特河附近折返，最终返回葡萄牙。

他的漫长航行并非徒劳无功。国王若昂二世坚信诺瓦伊斯已经走到了距离印度不远的地方，因此决定给"风暴角"起一个与其愿景相称的名字。他将其命名为"好望角"。不过，派遣瓦斯科·达·伽马绕非洲航行，最终到达印度的却是若昂二世的继任者——曼努埃尔一世。香料和宝石不是唯一让人觊觎的事物，他们还想找到神秘的祭司王约翰的国度，与之结盟，共同对抗生活在新月沃土的民族。1497年，瓦斯科·达·伽马率领四艘舰船从塔霍河启航。他在好望角短暂停靠，补充淡水后又继续前行。最终，他成功抵达印度卡利卡特，完成了使命。

奇境之国

> 虽说殖民地及其周边地区逐渐为人所知,但更深入内陆的地区仍然是梦想萦绕的奇境。

与葡萄牙相反,联省共和国[62]不仅将好望角一带视为中途停靠点,还于1652年在扬·范·里贝克的授权下着手在当地建立殖民地。最初的殖民地由一座要塞和一个花园组成,殖民者与当地原住民霍屯督人的关系非常融洽,这令荷兰东印度公司的决策机构"十七人会议"感到担忧,他们对跨种族婚姻数量的增长极为不满。殖民地的繁荣发展挑起了欧洲其他大国的觊觎之心。前往印度的船只纷纷在当地短暂停留,许多旅行者都在旅行日记中记录了这处中途停靠点,他们提到此地盛产新鲜蔬菜和水果,外来者与当地人的关系也很好。

虽说殖民地及其周边地区逐渐为人所知,但更深入内陆的地区仍然是梦想萦绕的奇境。旅行家、地图绘制者和空想主义者将此地视为前往刚果、穆塔帕、布图阿等神话王国的过渡地带,他们声称月亮山和尼罗河的源头都在那里。他们说,那一带的基训河就是通向人间天堂的大河的一条支流,还能通向为所罗门王进献黄金的示巴女王的王国。好望角没有辜负国王为它起的这个名字,它让那些因葡萄牙对刚果的考察而破灭的幻想和神话重焕生机。在古典时代末期和启蒙运动初期的画集中,好望角展现出一派富饶而繁荣的非洲图景,与其他关于黑色大陆、当地民族和国王的各种描述形成了鲜明的反差——笼罩在黑暗中的土地,生活在那里的偶像崇拜者不得不靠迷信和同类相食维生。《咖吠哩人之国与纽茨之地回忆录》在18世纪初问世,此书旨在鼓动法国君主在好望角一带开展殖民活动。在这本书中,让·皮埃尔·皮里对当地的描述充满诗情画意。然而,直到

18世纪末,法国才派出第一支远征探险队,在弗朗索瓦·勒瓦扬的率领下探索黑色大陆南部的腹地。这次远征将以一种残酷的方式结束好望角殖民所孕育的美梦和奇想。勒瓦扬深入好望角腹地,穿过险象环生的自然环境,但他既没有发现月亮山和尼罗河的源头,也没有找到示巴女王的王国。

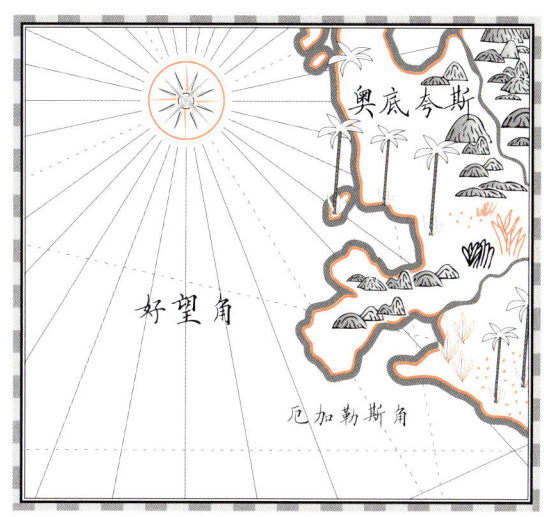

美洲

阿劳卡尼亚

史诗中的土地

迭戈·德·阿尔马格罗是弗朗西斯科·皮萨罗在征服秘鲁时期的战友，也是征服智利南部的第一人。1535年7月，迭戈·德·阿尔马格罗率领三支远征队离开库斯科城。他艰难跋涉，穿越安第斯高原，翻过高耸的山脉，从阿空加瓜河谷进入智利。阿尔马格罗之所以奋不顾身地踏上这段艰险的旅程，是因为直觉告诉他：要寻找奇迹般的黄金城，必须走这条路。但他的直觉落空了。他没有发现朝思暮想的滚滚黄金，只找到了印加人在一个世纪前便抛下不管、任由杂草蔓生的种植园遗迹。阿尔马格罗大肆屠杀当地人，为西班牙征服的黑暗传奇又增添了一分血色。大屠杀之后，他便率领麾下的三支远征队启程返回秘鲁。回去后不久，阿尔马格罗就被皮萨罗囚禁并被斩首。佩德罗·德·巴尔迪维亚接过他的旗帜，打算继续完成征服阿劳卡尼亚的事业，他的目标是抵达这片大陆最南端的土地，要"从瓦尔帕莱索一直走到麦哲伦海峡"。为了完成使命，巴尔迪维亚发起了两路远征：一支队伍走陆路，另一支走海路。海上远征队抵达一片"密如森林的岛群，即乔诺斯群岛，那里有数不清的大小海湾"，见到了乔诺人，还驶进了一条"被白雪皑皑的山峰挡住"的海峡，"那似乎是麦哲伦海峡的一条隐秘入口"。面对惊涛骇浪，远征队再也无法抵挡猛烈的风暴，只好返回智利，"除了服从命令，以及对奇洛埃和乔诺斯群岛的勘探值得称赞，没有取得其他成果"。陆上远征队则遭遇了阿劳卡尼亚当地人的激烈抵抗。征服这个地区还将花费三个世纪的时间。

让葡萄牙王国洋洋自得的是，本国航海家和探险家的丰功伟绩被写进武功歌和史诗之中，广为传颂。西班牙却没有这份荣耀。几乎没有任何一部史诗以西班牙的征服为主题，唯有一件在其航海和殖民史上"微不足道"的事件——阿劳卡尼亚的土著酋长归顺西班牙——被写成了史诗。阿隆索·德·埃尔西利亚[63]以这一事件为灵感，创作了"黄金时代唯一的异域英雄史诗"：《阿劳加纳》。在此需要说明的是，征服阿劳卡尼亚与印加帝国毫无反抗的投降与覆灭没有任何共同之处。

《阿劳加纳》的创作耗时二十年，从1569年至1589年写成，讲述了阿劳卡尼亚人英勇对抗征服者佩德罗·德·巴尔迪维亚部队的一个个故事。如果说《阿劳加纳》中的诗句让读者身临其境，那大概是因为作者本人正是这场战争的亲历者。传说这首诗的开头几节就是在战场上写下的。阿隆索·德·埃尔西利亚与荷马、维吉尔和卢坎一脉相承，他意图打造一部开创性的诗作。阿隆索·德·埃尔西利亚细致地描述了对手的习俗、民风和价值观，还对这些拼命捍卫家园之人的勇气大加颂扬，这种做法在那个时代十分少见。他非常善于描写战斗（他多次提及圣康坦战役和勒班陀战役）、游行和盛大仪式的场面。与托尔夸托·塔索的《耶路撒冷的解放》和卢多维科·阿里奥斯托的《疯狂的罗兰》类似，埃尔西利亚的这部作品巧妙地将历史、虚构与奇幻融为一体。

南美大陆上这片饱受蹂躏的地区也点燃了另一位别出心裁之人的灵感火花。1860年，法国职业诉讼代理人奥雷利-安托万·德·图南[64]深入阿劳卡尼亚，印第安人将他当作解放者热烈欢迎，还宣布他是"阿劳卡尼亚和巴塔哥尼亚之王"。但他的统治时间很短。两年后，这位国王便不得不告别他的王国，返回故乡佩里戈尔。然而，这位失去王位的统治者不承认自己的失败。他募集了许多资金，想挽回自己的王国，还多次踏上航船，打算收回他的王位。但这一切都是徒劳……每一次入境都遭到质询他最终被智利当局驱逐出境，在军方协助下遣送回法国。1878年，他在自己的祖国去世，到头来也没收复自己的"地盘"。

锡沃拉

七城之国

奇观、财富、红宝石,但首先是大把的黄金……这就是克里斯托弗·哥伦布在率领"圣玛利亚号""平塔号""尼娜号"三艘舰船、扬起西班牙国旗启程时对船员们承诺的奖赏。他们计划一路向西,前往传说中的印度、神州和西潘戈。1492年,一行人从帕洛斯·德·莫格港出发。到达安的列斯群岛时,哥伦布说服船员们相信印度就在附近。对黄金的狂热让水手们战胜内心的迟疑,但这份狂热很快便烟消云散,因为他们根本没找到哥伦布承诺的财富。苦涩的失望啊!回到西班牙后,这位热那亚人不愿向天主教君主承认自己的失败——不论是为其事业提供支持的伊莎贝拉女王,还是被身为女王的妻子说服、与她一起支持哥伦布的费尔南多国王。于是,他绘声绘色地向女王和国王描述他梦想中的黄金城,仿佛真的见过它们。第二次远征随之开展。这一次共有十七艘船参加。他们发现并探索了几座岛屿,却依然没有发现黄金。他们向当地的印第安人打探消息。后者沉默不语,但将为此付出自由的代价:数百名印第安人被俘虏为奴。原住民被锁链束缚的景象激怒了天主教君主。在他们眼里,一切都应该到此为止。哥伦布彻底失去了君主的信任。尽管如此,西班牙人并没有抛弃发现马可·波罗描述的美妙黄金城的想法。锡沃拉七座黄金城的神话正是在这一时期诞生的。要追溯这段神话的起源,我们必须前往西班牙的梅里达。以下便是这段神话诞生的经过。

公元8世纪,阿拉伯酋长穆萨·伊本·努赛尔占领了埃斯特雷马杜拉的首府梅里达城,大主教、六位主教及其随从各自登船逃跑,一路祈祷上帝救赎他们的灵魂,让他们安全脱身。他们决定不惜一切代价,将几件圣物从异教徒手中抢救出来。根据传闻,在险象环生的航行之后,他们横跨大西洋来到了南美洲,远远早于哥伦布和西班牙征服者。大主教和六位主教以柏拉图和托马斯·莫尔[65]笔下的盛大乌托邦为蓝本,每个人都在当地建造起一座以正义和公平为基础的城池。得益于这片大陆的丰富资源——尤其是黄金,七座城池一天天繁荣起来。

1527年，一支由潘菲洛·德·纳尔瓦埃斯率领的探险队从西班牙的桑卢卡尔-德巴拉梅达启程，向新世界进发。1536年，只有四个人活着踏上了新西班牙的土地（即今天的墨西哥）：他们分别是阿隆索·德尔·卡斯蒂略·马尔多纳多、安德烈斯·多兰特斯、阿尔瓦·努涅斯·卡韦萨·德·巴卡和他的黑人奴隶埃斯特万。这次远征是一场灾难。卡韦萨·德·巴卡在一份详细的报告里提到了海难的经过及其灾难性的后果，但真正引起关注的却是黑奴埃斯特万的叙述。因为这位奴隶根据印第安人的讲述，记录当地存在几座黄金之城。他的叙述中多次出现同一个名字：锡沃拉。据此，西班牙人深信这支探险队已经走到了当年梅里达主教建造的七座城池附近。

1539年，方济各会会士马科斯·德·尼扎启程前往秘鲁，他相信自己踏上的正是通往黄金七城的道路。早在1530年，他曾在秘鲁加入弗朗西斯科·皮萨罗的队伍，并对皮萨罗和其他征服者犯下的罪恶暴行大加谴责。七座黄金城的幻景不是他唯一的执念，也不妨碍他履行基督徒的职责。后来，他又前往厄瓜多尔、危地马拉、墨西哥和新墨西哥，还与新墨西哥当地的祖尼印第安人共同生活过一段时间。回到墨西哥城后，他在《新西班牙之库利亚坎省记事》一书中细致入微地回顾了这段远行，其中也提到了七座黄金城和锡沃拉城的存在。在他的见闻录中，他提到了一座面积比特诺奇提特兰[66]还大的城市，城中居民使用的是金银器皿，还拥有数不清的珍珠、宝石和祖母绿。

无独有偶，1540年，总督安东尼奥·德门多萨派弗朗西斯科·巴斯克斯·德·科罗纳多率领一支三百多人的探险队，去占领大名鼎鼎的黄金七城。科罗纳多在四月从库利亚坎出发。经过数周毫无结果的探索，弗朗西斯科·巴斯克斯·德·科罗纳多迫使马科斯·德·尼扎承认：他从未到过黄金之城，锡沃拉只是他的白日梦。不过，对黄金城真实存在的信念并没有因此而崩塌。黄金国、安提利亚、恺撒之城和帕依提提的传说很快取代了黄金七城在人们心中的地位。尽管如此，锡沃拉在很长一段时间里依然是读者、旅行者和探险家的梦中奇境。乌戈·普拉特[67]让他笔下的主人公科多·马尔特斯接过给前人带来灾厄的火炬，再度踏上了寻找锡沃拉的征程。在普拉特的故事里，标明七座城池位置的线索记录在一张印第安人从修士身上剥下的皮肤上，这件珍贵的圣物保存在圣弗朗西斯科-德塞托岛上的方济各会修道院里，坐落在威尼斯的潟湖之上……

奇观、财富、红宝石，但首先是大把的黄金……这就是克里斯托弗·哥伦布在率领"圣玛利亚号""平塔号""尼娜号"三艘舰船、扬起西班牙国旗启程时对船员们承诺的奖赏。

黄金国

金光闪闪的王国

黄金国与帕依提提和锡沃拉的七座黄金城齐名,也是西班牙征服者苦苦寻找的传奇地带之一。克里斯托弗·哥伦布第一次远征归来时,对当地的山区和黄金城进行了绘声绘色的描述,其中丰富的细节激发了无数旅行者和历史学家的想象。在这些人中,弗朗西斯科·洛佩兹·哥马拉与加尔西拉索·德·拉·维加提出了一种假设:他们认为,当西班牙人到来时,最后的印加人可能带着所有财产逃走了,他们在南美大陆的东南部新建了一个王国——以马诺阿为都城的帕依提提。

塞巴斯蒂安·德·贝拉尔卡萨尔船长曾在征服新格拉纳达和秘鲁的血腥战斗中担任弗朗西斯科·皮萨罗的副手。1534年,他占领了印加城市基多。为了寻觅帕依提提和不可思议的黄金城,他饶有兴趣地听印第安人讲述了一个惊人的故事:每逢太阳节庆典,伟大的印加国王要将自己从头到脚浸在金色的大海中,这一仪式正是黄金国之名的由来。这个故事并非虚构,而是真实存在的习俗。每年,奇布查印第安人的酋长都会在全身涂满芬芳的香油,撒满金粉。与此同时,部落成员也将一件件金器扔进水中。因此,西班牙人按字面意思翻译为"黄金国"的这个词起初是指浑身金光闪闪的印加君主和大祭司,后来才指代这片君主或大祭司浸没其中的大名鼎鼎的金色大海。这片海确实存在,它就是帕里马湖。在西班牙征服者的想象中,装满黄金的原本是这片大湖,后来,故事越传越神,整个王国都成了遍地黄金的乐土。

根据印第安人的讲述,塞巴斯蒂安·德·贝拉尔卡萨尔开始着手寻找黄金国,但他没有前往大陆东南部,而是选择北上。他在1536年创建了圣地亚哥-德卡利,1537年又创建了帕斯托和波帕扬两座城市。黄金国依然无迹可寻。不过,传说并未因此而消散。无数探险家前赴后继,纷纷踏上冒险之旅。在这些人中,弗朗西斯科·德·奥雷利亚纳沿纳波河与内格罗河顺流而下,之后抵达亚马孙河,行程近五千千米。为了寻找那个金光闪闪的王国,这些探险家从南至北、从西至东走遍了整个南美大陆。随着传教士加斯

帕·德·卡瓦哈尔将奥雷利亚纳的旅行见闻写成书出版，这个与锡沃拉黄金七城相互印证的传说在西班牙征服者中引起了强烈反响，重新点燃了他们的希望。当时，人们普遍认为黄金国就坐落在奥里诺科河和亚马孙河之间的某个地方，即今天的巴西、委内瑞拉和圭亚那一带。

每逢太阳节庆典，伟大的印加国王要将自己从头到脚浸在金色的大海中，这一仪式正是黄金国之名的由来。

在整个16世纪，虽然南美大陆上建起的每一座西班牙城市都派出过数不清的探险队，想要找到黄金国，但所有探险队都铩羽而归。关于这个黄金多如流水的王国究竟在哪里，一直众说纷纭。但又何妨！既然找不到黄金国，征服者们就转而寻找那片金色的湖泊，结果还是无功而返。然而，无论是在地图上还是在探险者的想象中，有一点始终不变：黄金国一定就在南美大陆北部的某个地方。受到英国女王伊丽莎白一世的委任，探险家沃尔特·雷利也踏上征途，去寻找失落的王国。在《探索辽阔、富饶而美丽的圭亚那帝国，附关于伟大黄金城马诺阿的记述》（马诺阿即西班牙人口中的黄金国）中，雷利记述了他在1595年的漫长旅程，他写道："多年以来，我从目击者的讲述中知道了这个强盛、富庶而壮观的圭亚那帝国，以及这座西班牙人称为黄金国、当地原住民称为马诺阿的宏伟黄金城的存在。"但是沃尔特·雷利并没有比前人走得更远，他也没找到那个金光闪闪的王国。然而，他对圭亚那的描述宛如田园诗，让女王相信英国的探索不能到此为止。从未被发现的黄金国成了古典时代乌托邦主义者最青睐的地区之一。费奈隆和德尼·维拉斯以此为灵感创作出精彩纷呈的篇章。法国博物学家夏尔-马利·德·拉孔达米纳在1743年至1744年间沿亚马孙河顺流而下，他回来后言之凿凿地说，他在亚马孙河流域没有发现帕里马湖、马诺阿金城或堆满黄金的国度，他想一举摧毁这些传说。然而，黄金国依然让人魂牵梦萦、浮想联翩，伏尔泰以此为灵感创作了《老实人》中的两章。他在不朽杰作

《风俗论》中,也用很长的篇幅来记录关于征服秘鲁的内容。

乌戈·普拉特笔下的主人公科多·马尔特斯追随另一位探险家的足迹,前去探寻神话般消失的王国。当他对同伴杰里迈亚·斯坦纳吐露心中的怀疑时,后者回应他说:"我们就是要找到其他人没找到的黄金国、黄金人、这片大陆的传奇……"

亚马孙人的国度

女战士的疆土

亚马孙人是谁？这个辉煌而令人畏惧的族裔拥有悠久的历史。根据希罗多德在《历史》中的记载，斯基泰人将这个民族称为欧约尔帕塔，意思是"男人杀手"。虽然"亚马孙"这个名字的词源存在多种假设，但所有古代故事和描述都一致认为：亚马孙人都是令人畏惧的女战士，她们全心全意地为战斗奉献自己，对她们来说，男人唯一的用途就是帮助这个只有女性的种族繁衍后代。西西里的狄奥多罗斯写道："新生儿中的男孩被砍去手脚，变成废人便无法参军；女孩则被烫平右乳，以免发育后突出的胸部妨碍她们战斗。"

随着时间的流逝，关于亚马孙人领土位置的说法也不断改变。起初，传说亚马孙人在利比亚统治着亚特兰特人、努米底亚人和埃塞俄比亚人，贯彻她们的律法；后来，她们迁移到了科尔基斯；再后来，她们在特耳莫冬河沿岸定居，附近的其他民族纷纷向她们缴械投降。她们的首领自称是战神阿瑞斯的女儿，最终被赫拉克勒斯击败。欧里庇得斯[68]在其剧作《疯狂的赫拉克勒斯》中用这样的话语来讲述赫拉克勒斯的光荣战绩："在众多大河发源的马埃奥底德附近，面对尚武的亚马孙战阵，他脚踏好客海的浪花大步前行。他那些来自希腊的战友组成阵形，只为穿过阿瑞斯之女的面纱，夺得那招致厄运的织金肩带！希腊人从大名鼎鼎的蛮族姑娘那里得到了战利品。它们都被保存在迈锡尼。"希罗多德认为，亚马孙人聚居在已知世界的边缘，即好客海沿岸。传说与历史交织在一起，难解难分。根据古代学者阿里安[69]的记载，马其顿王子亚历山大曾见过亚马孙人，还曾与她们的女王共度良宵。虽然狄奥多罗斯认为这段逸事有几分可信，但大多数历史学家都予以驳斥，普鲁塔克[70]在《亚历山大大帝传》中就否认了这种说法。

在整个中世纪时期，亚马孙人一直强烈吸引着历史学家、地理学家和宇宙志学者。她们的领地——无论称之为"亚马孙尼亚"还是"女儿国"——具备乌托邦的所有特点。马可·波罗和克里斯托弗·哥伦布的见闻录中也可依稀看出这段传说的影子，两人都提过"只有女人的小岛"。马可·波罗更是言之凿凿地写道，印度附近有两座岛屿，"一座男人岛,一座女人岛,前一座岛上只有男人,后一座只有女人"。亚马孙这个名字的词源、亚马孙女人赋予男人的职责和新生儿的命运引发了众多猜测和讨论。不过,所有人都认为亚马孙人是无所畏惧的骑士、身手不凡的猎人和本领高强的战士。

多亏探险家弗朗西斯科·德·奥雷利亚纳,亚马孙人的传说从三大洲的世界流传到了第四片大陆。陪伴他的方济各会会士加斯帕·德·卡瓦哈尔将他们的探险经历写成了日记。他写道,探险家和队员们沿内格罗河顺流而下,驶入一条宽阔的大河。在那里,他们被一群骁勇好战的女战士袭击。由于他们在袭击者中没有发现一个男人,所以奥雷利亚纳认为这些女战士就是亚马孙人。自然而然,他也用同样的名字称呼这条大河。在四处寻找黄金的过程中,一些西班牙征服者由于始终找不到帕依提提、黄金国和锡沃拉的七座金城,转而认为黄金都落到了亚马孙女战士手里。若不是为了黄金,她们又何必对进入她们领土的男人发动如此猛烈的攻击呢?宇宙志学者安德烈·泰维在其著作《南极法属土地的奇异之处》中用这些言辞痛斥她们的残酷:"她们经常对周边数国发动战争,对在战争中俘虏的人非常不人道。处死俘虏时,她们拴住俘虏的一条腿,将其倒挂在高高的树枝上,让俘虏慢慢死去。等她们回去查看时,如果俘虏还没有断气,她们就用两千支箭将其射死。她们不像其他野蛮人那样吃人肉,因此会将尸体丢进火里,将它烧成灰烬。"无情女战士的传说将继续流传下来,但她们的领土始终无迹可寻,直到17世纪,仍有许多人顽固地想要找到它。这些都是徒劳。1743年至1744年间,法国博物学家夏尔-马利·德·拉孔达米纳也沿着亚马孙河顺流而下。不出他所料,他没有发现任何尚武女战士的踪迹。他将自己的结论写进《亚马孙河航行记》中,给来这片流域探寻古老的亚马孙母系社会遗存的西班牙和英国探险者造成了致命的打击。不过,在之后很长时间里,在地区地图、世界地图和图像学研究中,美洲常常被拟人化地描绘成一位光彩夺目、袒胸露乳、手持弓箭、身背箭袋的女性,她守护着亚马孙河,仿佛在警告那些毫无顾忌的侵略者、征服者和神庙掠夺者。

| 奇境之国

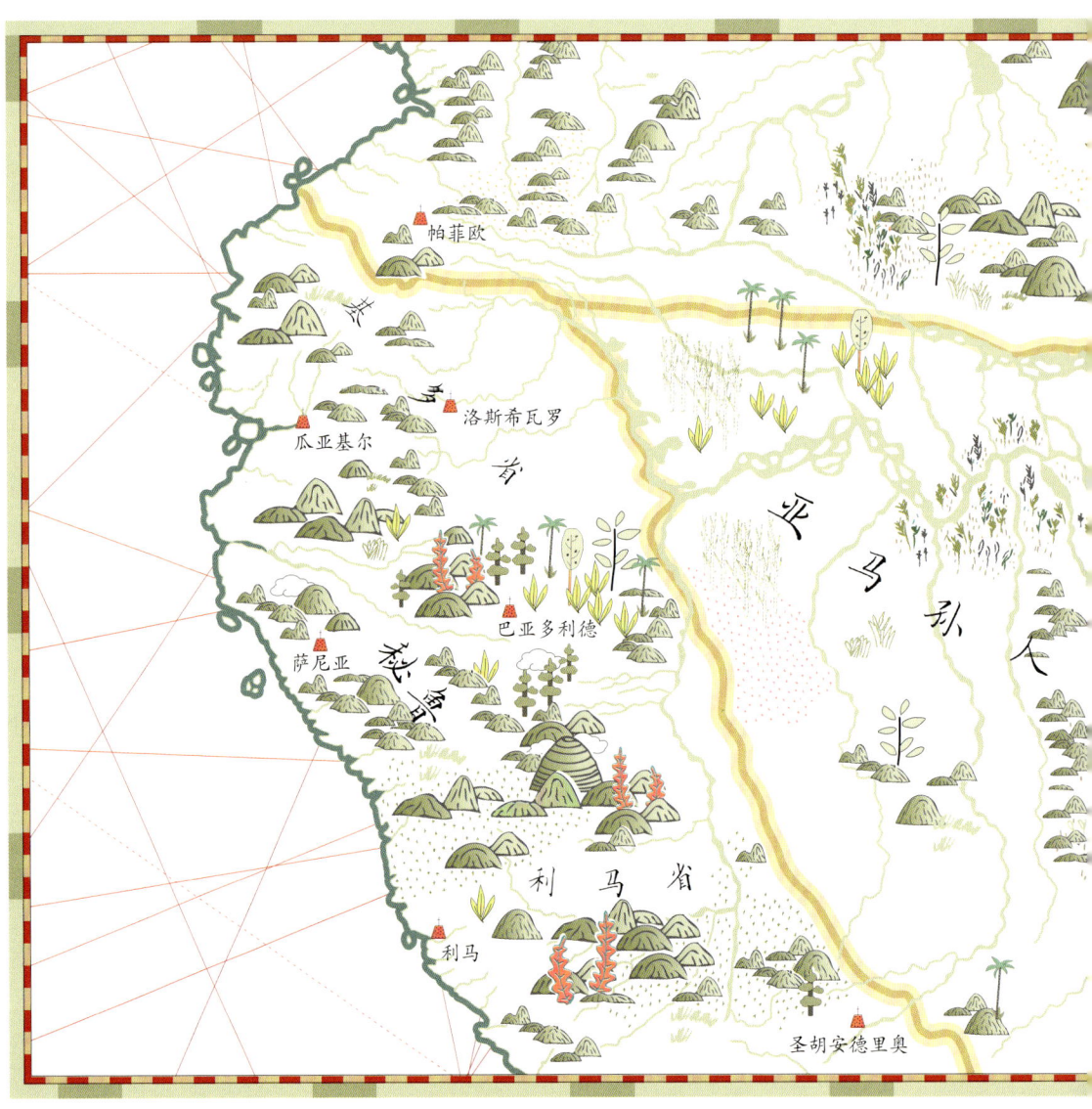

火地岛

峡湾、暗礁和岩礁的迷宫

为了前往马鲁古群岛获取香料——尤其是在厨房和宫廷餐桌上都备受推崇的丁香，斐迪南·麦哲伦踏上一路西行的旅程，来到了美洲南端的这片群岛。1519年8月，他率领五艘克拉克帆船从塞维利亚出发。在加那利群岛短暂停留之后，舰队在12月发现了巴西海岸，并在圣卢西亚湾（今里约热内卢）靠岸。接着，舰队扬帆向南航行，打算绕过这片大陆，前往马鲁古群岛。

一路向南，气温迅速下降。麦哲伦决定让船员在圣胡利安河口度过冬天。他手下的三位船长——胡安·德·卡塔赫纳、路易斯·德·门多萨和哈斯帕尔·德·克萨达认为指挥官的看法太过危险，便发动了一场叛乱，但麦哲伦在忠于他的海员们的帮助下很快将叛乱镇压。为了确定通向大陆另一侧的路线，麦哲伦派出一艘克拉克帆船"圣地亚哥号"前去侦察。但是这艘船不幸搁浅，损失惨重。

这时，麦哲伦决定亲自率领剩下几艘船去寻找那条至关重要的路线。10月底，舰队驶入一条海峡，麦哲伦将其命名为"万圣海峡"，而后人以他的名字将其重新命名为"麦哲伦海峡"。峡湾、暗礁和岩礁构成了一片名副其实的迷宫，狭窄的水面两边是高耸的悬崖和陡峭的海岸。有好几次，当船队在冰冷刺骨的夜晚向前航行时，水手们看见陆地上有熊熊燃烧的大火，地面冒出滚滚浓烟。

这片地区起初被命名为"烟雾岛"，后来才更名为"火地岛"。但这里到底是什么地方？是一座孤岛？一片群岛？还是海岬？一心只想圆满完成任务的斐迪南·麦哲伦对此并不在意：他继续赶路，最终驶出了海峡。来到开阔的大洋，面对一派宁静祥和的海面，他继续向西行驶。遗憾的是，数月后，麦哲伦在菲律宾的海滩死在原住民的枪矛之下。在这次伟大的远航中，只有一艘船和船上的十九名水手活着回到了西班牙。这艘船回国后不久，国王卡洛斯一世又武装起一支由六艘克拉克帆船组成的新舰队，他命令他们沿着

麦哲伦开辟的路线再度出发。虽然他们在穿越大西洋的途中没有遇到任何困难，但是一来到地狱般的"万圣海峡"附近，这些克拉克帆船就身陷险境，有几艘严重受损，一艘沉没，还有一艘迷失了方向。经过一番艰难斗争，其中四艘成功驶入海峡。在最漆黑的夜晚，他们也看到了两岸的火光，还发现了一艘独木舟、数根鲸鱼骨和一把鱼叉。接着，他们还分辨出岸上人类的身影。"这些印第安人挥舞着燃烧的木头，我们当中的一些人认为他们想放火烧船。他们不敢走得更近，我们也不能乘小艇追赶他们，因为他们的独木舟比我们轻快。"舰船继续前进，但这一次只有一艘安全返回。

1534年，一支新的远征队再次出发。火地岛显然是厄运笼罩之地。在驶入海峡之前，远征队登上陆地，却遭遇饥荒，队员们掀起了一场暴动。幸存者"在吃完桅杆上的皮革后"才在巴西找到避难之地。尽管有这三支探险队幸存者的目击证词，但火地岛始终是一个谜团。有人认为海峡之南还有一片大陆，这种假设得到了德国地图绘制者舍纳的支持。在近半个世纪的时间里，西班牙王室先后派出多支远征队，一方面是为了勘探海峡地形并绘制地图，另一方面也是为了阻止外国船只来到这里。

1581年，一支由二十五艘舰船组成的西班牙舰队驶离西班牙海岸，在火地岛建立起殖民地。经过两年多的跋涉、海难、迷路和惨重损失，第一批三百名殖民者终于踏上了火地岛荒凉的土地。他们搭建起第一座城池"耶稣圣名城"的雏形，其中一些人在此安顿下来，另一些人则继续上路寻找栖身之所，他们为此付出了艰辛的代价。他们着手建立起自己的殖民地，并称其为"费利佩王城"。命运对这两座城池的定居者都十分残酷。它们孤立无援地坐落在险恶的大自然中，只能从大海获得补给，因此，定居者们很快便无法谋生。有些人登上小船，打算放弃这两座城池。他们祈求上苍垂怜，却在海峡的某个转角处沉入海底。1586年，费利佩王城的二十多名幸存者徒步走到了耶稣圣名城。一路上为他们充当路标的，是在他们之前上路的两百具尸体。

耶稣圣名城的殖民者已全部死亡。在这座城池的海湾里，静静停泊着私掠船主卡文迪什的三艘舰船。卡文迪什主动提出搭载这些可怜人前往秘鲁，但只有一个人接受。其他人后来都死在耶稣圣名城里，被世界和天主遗弃。在费利佩王城，卡文迪什亲眼见到了沿途"像狗那样死去"的人们尸横遍野的惨状，便将这个地方更名为"饥荒港"。这个名字一直沿用至今。这里原本可能成为新世界最现代、最辉煌、最富足的城市，如今却只剩断壁残垣在狂风中凄然挺立。

> 尽管有这三支探险队幸存者的目击证词，但火地岛始终是一个谜团。

南方诸地

新基西拉岛

人间天堂

在蒙得维的亚驻留了漫长的三个半月后,"布德厄斯号"和"星星号"终于穿过麦哲伦海峡,驶入太平洋海域,停靠在一座伊甸园般迷人的小岛岸边。受路易十六的派遣,路易-安托万·德·布干维尔[71]希望在探索太平洋的过程中发现新土地,他在其日志的第一卷中讲述了发现这座岛屿的过程。但这座小岛并不像他以为的那样不为世人所知。早在一年前,英国航海家塞缪尔·瓦利斯在指挥一艘舰船观测金星轨迹的时候就发现了它,并为纪念本国君主将其命名为"乔治国王岛"。眼前的小岛让布干维尔回忆起费奈隆[72]在《忒勒马科斯历险记》中的描写,尤其是主人公谴责爱情与欢愉之岛——基西拉岛——上居民放纵生活的情节,他不无自豪地写道:"因此,我将此地命名为新基西拉岛。在这里就和在古老的基西拉岛一样,我们需要密涅瓦的神盾,以免受当地气候和民风的影响。"

可见,这座岛上的风俗让这位航海家和他的船员们很难不联想到神话中的基西拉岛。确实,岛上气候温和,空气纯净,天空澄澈,土中和树上长满丰盛的果实。这位航海家写道:"该岛主要出产椰子、香蕉、面包果、薯蓣、笋瓜,还有几种当地特有的块茎和果实;有很多甘蔗,根本无需耕种;还有一种野生的靛蓝植物、一种非常漂亮的红色染料植物和一种黄色的染料植物。"当地居民身材高大,男人和女人的身高都在6英尺到6.5英尺左右。但奇异的是,他们的皮肤都很白,容貌也很美。牙齿洁白,轮廓细腻标致,头发顺滑如丝,无论是黑发、棕发、金发,还是红发。他们内在的精神气质与外在的美貌相得益彰,为人善良、友好而慷慨。他们的民风就像当地的气候那样质朴而柔和。布干维尔接着写道:"这个民族的性格在我们看来温柔而良善。岛上似乎从未发生过内战,没有任何特别的仇怨。整个岛划分为若干区域,每个区域都有自己独立的领主。想必塔希提人都真诚对待彼此,不存一丝疑心。无论主人是否在家,也无论白天或黑夜,每一户都敞开家门。人人都可以在路边的树上采摘果实,也可以走进沿街的房屋里拿取果实。他们对生活必需品似乎没有财产私有的概念,一切都属于所有人。""一切都属于所

有人。"——哲学家德尼·狄德罗将在他的《布干维尔航海补遗》中牢记这一点。

当地女性的妩媚和魅力格外吸引水手们的目光。博物学家菲利伯·康默森在一封题为《关于新基西拉岛或塔希提岛的发现》的书信中写道:"他们出生在最美丽的天空下,在无需耕种也盛产果实的土地上养大,由一家之主而不是国王统治。除了爱神,他们不知道其他的神。他们将生命中的每一天都奉献给爱神,整座岛屿都是她的神殿,所有女人都宛如爱神的化身,所有男人都是爱神的崇拜者。那是些怎样的女子啊!她们的姿容足以与格鲁吉亚女人相媲美,就像美惠女神们在凡间的姐妹。"岛民们不知何为腼腆,他们乐于顺应自身的欲望,幕天席地,尽情享受鱼水之欢。关于这方面,康默森写道:"创造同类是一种宗教行为。全体岛民聚在一起,以祝祷和歌声作为鼓动人心的前奏,又以全体一致的掌声欢庆这个过程的结束。所有外乡人都可以参加这种幸福的秘密仪式,邀请外人参加甚至是东道主应尽的地主之谊。"然而,布干维尔绞尽脑汁,却很难对当地的信仰和宗教进行准确的归纳。他疑惑地写道:"我们发现他们有一些木制的雕像,我们以为那是他们崇拜的偶像。可他们崇拜的又是什么呢?"

沉湎于爱欲和欢愉,温和的迷信,建立在和谐基础之上的政府模式,完全仰赖岛屿慷慨恩赐的生活方式……布干维尔和他的手下踏足的这座岛屿难道是人间天堂吗?古人对伊甸园的位置众说纷纭,无数旅行者都曾试图找到它,它会不会就坐落在太平洋的某座小岛上?在后人眼中,被誉为"现代伊阿宋"的布干维尔是一个计谋多端、胆大无畏、好大喜功的人。后来,严谨的英国航海家达尔林普尔在其著作《航行纪》中写道:"布干维尔一心只想讨好妇女,他忘了自己为何走到这么远的地方。后来,他匆匆返回故土,好用他关于新基西拉岛的迷人故事取悦欧洲人。"

当地居民身材高大,男人和女人的身高都在 6 英尺到 6.5 英尺左右。但奇异的是,他们的皮肤都很白,容貌也很美。牙齿洁白,轮廓细腻标致,头发顺滑如丝,无论是黑发、棕发、金发,还是红发。

未知的南方大陆

两极相对的乌托邦

在所有先出现在神话里、后来才在现实中被发现的土地当中，未知的南方大陆无疑是引发最多猜测的地方。为了与北方的土地抗衡，古代宇宙志学者们推测，在热带更远处存在一块质量与整个北方相当的土地，即"极南之地"。他们不知道这片土地上是否有人居住、是否适合人类居住，但他们猜想它应该足够辽阔，当得起"大陆"之名。

在根据埃里亚努斯[73]的《反腓力辞》创作的虚构对话中，希俄斯的塞奥彭普斯[74]提到，在已知世界的边缘之外存在一座与北方对立的大陆。那里居住着好战的马奇莫伊人，他们不断对爱好和平的尤塞贝斯人发动战争。在他的对话录中，欧洲、非洲和亚洲被描绘成大洋环绕的岛屿，与它们相对的另一片未知土地则是南半球唯一的大陆。

在公元前4世纪，欧赫迈罗斯[75]在其著作《圣史》中讲述了他前往已知世界的东部边缘——潘凯亚岛——的奇异之旅。潘凯亚是一座几何形状完美的城池，外形的完美映射出其制度的完善，当地居民分为三个平等的阶层，具备完美的品德。根据欧赫迈罗斯的说法，潘凯亚之所以完美，是因为它与已知世界没有任何联系。

西西里的狄奥多罗斯描述了亚姆布鲁斯在印度洋的漫漫旅途中提到的"太阳城"。经过四个月的漂流，亚姆布鲁斯与一位同伴抵达太阳岛，这是一座周长足有五千斯塔德[76]的圆形陆地。岛上居民因崇拜那颗恒星之王而得名"太阳之子"，他们拥有令人惊叹的美貌和高贵气质，与众不同的发声系统让他们能同时进行两组对话。亚姆布鲁斯在这座城池停留了整整七年，他和同伴被视为不完美的造物，始终受当地人排挤。又经过四个月的游荡，亚姆布鲁斯才重新回到已知的世界。琉善[77]在其著作《信史》中也创造出一个南方乌托邦，但他的作品具有滑稽模仿和讽刺的色彩，对这类故事大加嘲讽。他一开篇就写道："我要告诉你一些我从来没见过、也没听过的事，更重要的是，这件事既不存在也不可能成为现实；因此请小心，可别太当真！"经历一场风暴和一次海难之后，琉

> 岛上居民因崇拜那颗恒星之王而得名"太阳之子",他们拥有令人惊叹的美貌和高贵气质。

善笔下的旅行者们在一个空中岛屿着陆,迎接他们的是成群的河马。他们还与岛上的国王恩底弥翁站在同一阵营,与邻岛国王法厄同展开了一场战斗。在数不清的曲折历险最后,旅行者们来到一座沐浴在牛奶般的海水中的小岛。统治这座岛的国王拉达曼迪斯为他们指明了前往著名的未知南方大陆的路线:"你们离开这些岛屿后将遇到一片广袤的大陆,与你们的大陆正面相对。在你们饱受无数痛苦,行经许多国家,与恶人打过交道之后,你们最终将抵达那片大陆。"

古人传说中的乌托邦和未知的南方大陆的存在后来遭到了奥利金、拉克坦提乌斯、圣奥古斯丁等人的强烈批判。教会长老们不可能承认一片《圣经》只字未提的土地。托勒密也支持他们的看法。但还是有很多学者认为这片大陆真实存在。1410年,皮埃尔·达伊在他的《世界图志》中肯定了这片大陆的存在。15世纪末,葡萄牙人环绕非洲的航行和第四世界的发现大大拓展了已知世界的边界,再次使未知的南方大陆的存在成为引人遐想的事实。

16世纪,奥龙斯·菲内的世界地图和麦卡托的地球平面图上赫然出现一片巨大的南方大陆。而在迪耶普[78]地理学家的地图上,这片大陆则被称作"大爪哇岛"。

尼古拉·迪朗·德维盖尼翁、让·德·莱里、安德烈·泰维等旅行家都相信自己发现了这片大名鼎鼎的未知大陆,并以"南印度群岛""南极法属土地"等名字称呼它。与此同时,托马斯·莫尔的《乌托邦》(1516)、拉伯雷的《庞大固埃》(1532)、约瑟夫·霍尔的《不同又相同的世界》(1605),还有加布里埃尔·德·富瓦尼的《已知的南方土地》(1676)和德尼·维拉斯的《塞瓦兰人的历史》(1677—1679)……数不清的作品为读者虚构出理想之乡的种种旅行见闻,重新唤起人们对未知南方大陆的乌托邦式想象。巴达维[79]航海家在印度洋上陆续发现了新几内亚、所罗门群岛、范迪门岛(即今天的塔斯马尼亚)和州地岛(即今天的新西兰),这些发现让南方大陆的神话不断更新,它在地图上的位置不断南移,一直挪到地图上不引人注意的地区。

在18世纪,塞缪尔·瓦利斯、詹姆斯·库克和路易斯-安托万·德·布干维尔各自受本国派遣出海,目的之一就是为了探索南部海洋,找到这个大名鼎鼎的未知南方大陆。他们在一次次探险中陆续发现了澳大利亚和新西兰,但二者既不像乌托邦,也没有理想主义色彩,南部大陆的传说暂告一段落。不过,在想象的世界里,这些旅行并不算徒然无功。因塔希提岛的发现而诞生的另一个神话——新基西拉岛,同样蕴含着丰厚的精神财富。

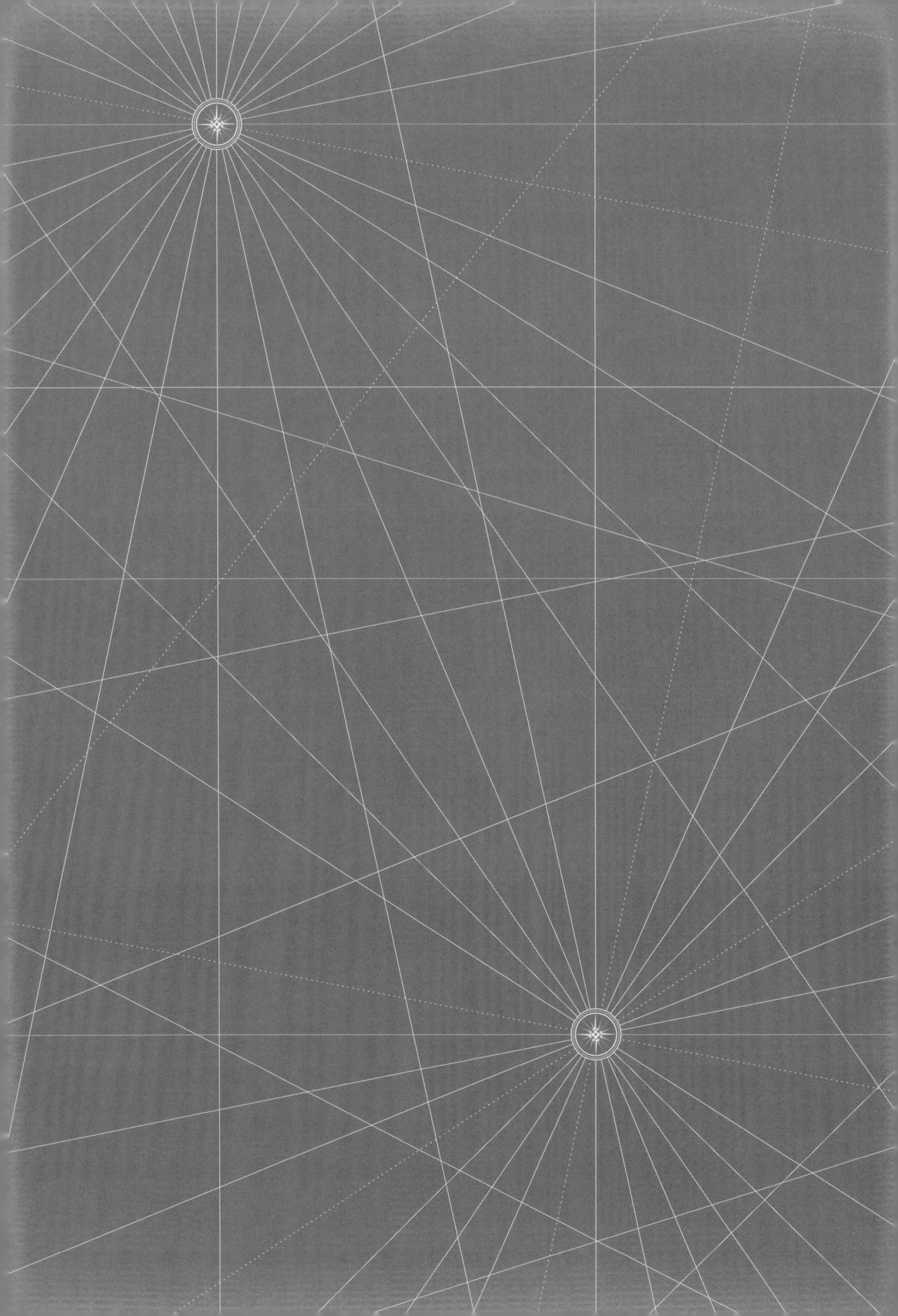

至福岛

远离尘世与人群

在古代，传说有几座岛屿会接纳那些在一生中言行正直、德行出众的人。它们就是至福岛。柏拉图的《高尔吉亚篇》与赫西俄德的《神谱》认为至福岛坐落在西方边缘的大洋河上，位于太阳在夜间的藏身之所——克罗诺斯的王国境内。

其他作者则将至福岛的位置放在极乐之地附近。品达[80]在《挽歌》中这样描述岛上的生活：至福岛"在太阳的炽热光芒中闪耀，在这里的夜晚，草地上点缀着绯红的玫瑰，没药树的树影深暗，果树上的金色果实沉沉欲坠；有人骑马，有人纵情于体育活动，有人在投标枪，还有人在一边弹奏里拉琴，乐在其中；幸福如花朵般盛放"。在《奥林匹亚颂》中，这位诗人又写道："纯净的太阳永远挂在天上，不分昼夜，正直之人的生活平静安详，这里的每一寸光阴都在幸福中流淌。他们不用划船划到筋疲力尽，也不用动手在地里挖掘凡人的食粮。那些信仰圣洁誓言的人与众神一起安宁度日，永远不会有眼泪破坏他们的幸福；与此同时，发伪誓的人却被恐怖的酷刑吞噬。你的灵魂将先后三次在光明中驻足，又三次在地狱中留步，如果你始终未曾行不义之举，那么你很快就将走上朱庇特划出的道路，很快就将抵达萨图恩的国度，来到神佑之岛的领土。在这里，海上的西风吹来甜美的气息。在这里，馨香的小树丛掩映着淙淙溪流，草地上点缀千百朵金色的花朵。"远离尘世，远离城市和人群，至福岛就是希腊人祈愿的、柏拉图在《法律篇》中宣称的"理想之城"。在神话中，至福岛还是琉刻[81]居住的岛屿，也称为"白岛"。这座岛坐落在伊斯特河流进好客海的入海口，是通向冥界的大门之一，由阿喀琉斯和海伦的亡灵看守。

赫斯珀里得斯圣园

引发争执的苹果

大名鼎鼎的赫斯珀里得斯圣园究竟在何处？和许多传说中的地方一样，它的具体位置也随文字记载和时代流转而不断变动。古希腊学者斯特拉波的《地理学》和希腊抒情诗人斯特西克鲁斯都说，圣园位于伊比利亚半岛西南部，距离塔特苏斯城不远。其他作者则认为它坐落在至福岛的中心。有些人相信它位于爱琴海一带，在伯罗奔尼撒半岛腹地的阿卡迪亚群山中。罗得岛的阿波罗尼奥斯说，神话中的圣园就在阿特拉斯山的许珀耳玻瑞亚。西西里岛的狄奥多罗斯则认为它坐落在昔兰尼加境内，就在特里同尼斯湖中的赫斯珀拉岛上，离利比亚的亚马孙部落不远。

狄奥多罗斯在《历史丛书》中记载："据说在原始时代，利比亚生活着亚马孙人。……另外，人们确信利比亚存在过不止一个由强壮好战的女性组成的国度，喀尔刻的领土也在此地。亚马孙人生活在最遥远的世界尽头，那里因地理位置极西被称为赫斯珀拉岛[82]。这座岛坐落在特里同尼斯湖上，不远处是埃塞俄比亚和阿特拉斯山。这座岛辽阔而丰饶，遍地是树木、水果和畜群，随处可见红玉、玛瑙和祖母绿。"

从词源来看，赫斯珀里得斯一词指的是日落之处、黄昏时分、夜幕降临之时。希腊神话中的女神赫斯珀里得斯负责守护分隔日夜的大门。从隐喻义来看，她们也是生死之门的守护者。赫斯珀里得斯都是声音清澈婉转的年轻处女。赫西俄德在《神谱》中提起赫斯珀里得斯时，将她们称为"黑夜之神的女儿"。她们是与亚马孙人一样骁勇的女战士，总是与男人保持距离——正因如此，古人才称她们为"利比亚的亚马孙人"。赫斯珀里得斯一共有三位，与另外两组三位一体的女性神息息相关：一组是倪克斯的女儿凯来斯，她们与复仇三女神有许多相似之处；另一组是命运三女神摩伊赖，她们纺出的每一条线都代表一位凡人的生命，剪断纺线便是凡人命终之时。许多流传已久的故事都告诉我们，正是赫斯珀里得斯守护着让无数人垂涎三尺、还引发了特洛伊战争的金苹果。让我们回忆一遍神话中的情节吧：阿尔戈利斯国王欧律斯透斯说服赫拉克勒斯去赫斯珀里

> 年轻的赫斯珀里得斯守护着那些让无数人垂涎三尺、还引发了特洛伊战争的金苹果。

得斯的圣园抢夺金苹果,可是后者并不知道圣园在哪里,于是他前往伊利里亚人的领地,来到厄里达诺斯河边。这条河中的水泽仙女为他指出了古老的海神、号称"海中老者"的涅柔斯沉睡的地方。赫拉克勒斯设法抓住海神,迫使他说出这座神奇花园的位置。为了摆脱英雄的铁掌,涅柔斯只得将通向圣园的路告诉了赫拉克勒斯,那是一条险象环生的漫漫长路。

攻陷利比亚之后,赫拉克勒斯不得不向巨人安泰俄斯发起挑战,与之展开正面较量。安泰俄斯的无穷力量源自大地。于是,赫拉克勒斯将他举到空中,牢牢地禁锢住他,令他窒息而死。为了抵达圣园,赫拉克勒斯走遍了古人笔下奇异非凡的非洲,打败了俾格米人,击败了暴君布西里斯及其子安菲达玛斯。接着,他来到了亚细亚。最后,他在阿拉伯半岛遇到了黎明女神厄俄斯的一个儿子——厄玛提翁。杀死厄玛提翁之后,赫拉克勒斯登上一艘金船出海航行,途中还击杀了一只鹰——正是在高加索山啄食普罗米修斯肝脏的那只鹰。

根据心怀感激的普罗米修斯提供的建议,赫拉克勒斯请求巨人阿特拉斯替他摘取三颗金苹果。作为交换,赫拉克勒斯表示他愿意替巨人支撑天空。阿特拉斯接受了他的提议,前去摘下苹果,回来找赫拉克勒斯。然而,品尝到自由滋味的巨人拒绝重返岗位。见此情形,狡黠的赫拉克勒斯请他暂时接过擎起天空的重任,好让自己系紧束发巾。阿特拉斯答应了,他放下苹果接过天空,给赫拉克勒斯留出整理束发巾的时间。一卸去肩头的重担,赫拉克勒斯便抛下天真的阿特拉斯,抓起苹果,踏上了见欧律斯透斯的归程。

根据另一个版本的传说,赫拉克勒斯走完漫长旅程之后终于来到赫斯珀里得斯的圣园,圣园的入口由一条名叫拉冬的巨龙守卫。赫拉克勒斯用箭杀死拉冬才夺得苹果。后来,诗人阿波罗多罗斯讲述道:"他将苹果献给欧律斯透斯,后者又将它们作为礼物赐给英雄本人。在此之后,赫拉克勒斯将它们送给雅典娜,但女神又将它们交还给赫斯珀里得斯,因为根据神明的律法,金苹果不允许放在任何其他地方。"

无论它们在何处,又是如何或被谁采摘,赫斯珀里得斯圣园的金苹果在传统中都是争吵和灾难的象征。在《劫持海伦》中,希腊诗人科鲁图斯讲述了彩虹女神伊里斯的愤怒。伊里斯因为没有收到佩琉斯与忒提斯的婚宴邀请而勃然大怒。宴席上,她将一颗金苹果丢在桌子上,想要挑起女神之间的争吵。伊里斯此举的后续发展远远超出了她的预期。赫拉和阿弗洛狄忒都对滚落在草坪上的金苹果深深着迷,两位女神为此厮打起来,最终导致了一场战争。而年轻的帕里斯为了得到海伦而献给阿弗洛狄忒女神的礼物同样是出自这座圣园的金苹果,这颗大名鼎鼎的金苹果正是特洛伊战争的源头,也是荷马的两部伟大史诗《伊利亚特》和《奥德赛》的灵感之源。

利莫里亚

失落的世界

在19世纪,动物学家斯莱特提出,所有大陆都起源于创世之初的一片原始大陆,他用一种马达加斯加猴的名字——狐猴(Lémuria)——将其命名为"利莫里亚"(Lémurie)。继他之后,许多博学的学者都探讨过这一假设,时而称其为"利莫里亚",时而称其为"姆"(Mū)。他们都说,这片大陆不仅是人类居住的世界的起源,还是各种科学和艺术的源头。曾经生活在这片大陆上的智者将他们的一切知识都记录在版牍上,直到公元前12000年的一场灭顶之灾摧毁了整片大陆。

为了寻找它的遗迹,沃尔特·斯科特-艾略特[83]和詹姆斯·丘吉沃德[84]在太平洋和印度洋上航行了许多年。经过漫长的搜寻,他们终于找到了这片原始大陆上的非凡生物留下的残迹、标识和符号,其中最令人震惊的遗迹就是复活节岛的巨人石像。

受到沃尔特·斯科特-艾略特、詹姆斯·丘吉沃德和海伦娜·布拉瓦茨基[85]撰写的论文的启发,留尼汪学者儒勒·埃尔曼[86]对这片失落大陆的传说好好研究了一番。他解释了这片独特大陆的原始构造,它最初由非洲和一片如今被海水淹没的土地组成,这片土地现在只有一小块露出海面,即马斯克林群岛,包括毛里求斯和留尼汪。他在专著《大洋的启示》中写道,利莫里亚曾经居住着巨人族——利莫里亚人。他们不仅拥有科学和艺术,还发明了一种完美的语言,在灭顶之灾来临前,他们已设法将这种语言传遍全球。为了证实这番言论,埃尔曼试图重构这种语言,并自告奋勇地解释其语法原理。但更重要的是,他提出了利莫里亚人是欧洲人祖先的观点。他认为,这些巨人正是"第一批欧洲人起源的海洋种族"。儒勒·埃尔曼之所以如此渴望在他遥远的利莫里亚亲族身上发现欧洲人祖先的影子,是因为他下意识地渴望拉近自己与那个无比遥远却让他魂牵梦萦的"欧洲"的距离。利莫里亚的故事与亚特兰蒂斯和姆大陆的传说与神话交织在一起,今后还将令更多旅行者和作家心醉神迷、浮想联翩。在某些人心中,它能唤起最美丽的梦境。

图勒岛

无根之土

皮西亚斯[87]不敢相信自己的眼睛。面前出现的这座岛屿与已知自然世界的任何角落都没有相似之处。眼前的景观难以用语言形容：岛屿周围的环境似乎在液体和固体之间来回摇摆。他将其命名为图勒。图勒岛浸没在冰冷的雾霭之中，与探险家们在地中海世界遇到的一切没有任何共同点。

他在马萨利亚（即今天的马赛）登上"基泰里亚号"小船，前去探索北方的大洋，他的发现足以颠覆那个时代的认知。他驶过被古人视为文明世界大门的赫拉克勒斯之柱。随后一路北上，经过吉伦特河的入海口。沉醉于探索的他发现了潮汐的原理，并迅速将潮汐现象与月相周期联系在一起。在经过韦桑岛时，他对英格兰海岸进行了测量，他在两千三百多年前计算出的结果准确得令人震惊。

离开大不列颠海岸，继续向北行驶六天后，他发现了大名鼎鼎的图勒岛。这里好像没有白天和黑夜之分，太阳挂在与地平线大致齐平的地方，行动轨迹大致呈一条正弦曲线。才华横溢且富有科学精神的皮西亚斯是第一个解释午夜出太阳现象的人。

在他的著作《论海洋》中，皮西亚斯描述了这座惊人的岛屿。借用斯特拉波的话说，这座岛仿佛是"海洋之肺"。图勒岛既非陆地也非海洋，沐浴在阳光里，太阳似乎不愿高升到地平线之上。这座岛定义了人类已知世界的新疆界。

古希腊评论者对皮西亚斯的态度相当苛刻，许多人认为他在胡编乱造，斯特拉波和波利比乌斯都没有将他的记载当真。古人对北方海域知之甚少。公元前2世纪，托勒密和喜帕恰斯被关于图勒岛真实情况的种种推测弄得晕头转向，他们身边只有一人声称亲眼见过它。塔西佗在转述探险家阿格里科拉的目击证词时认为，它的位置就在苏格兰附近。

图勒岛沐浴在阳光里，太阳似乎不愿高升到地平线之上。这座岛定义了人类已知世界的新疆界。

公元6世纪，凯撒利亚的普罗科匹厄斯认为它就是挪威。五百年后，不来梅的亚当则认为它是冰岛。

如果采信皮西亚斯的描述，"海洋之肺"这个词不免令人联想到水母的质感。科学家们知道，这是海水在结冰过程中常见的现象。在此过程中，海洋呈缓慢移动且黏滞的状态，这很可能就是探险家称其既非固态也非液态的来源。因此可以推断，这座传说中的岛屿应该在格陵兰岛的一侧，或者在斯堪的纳维亚半岛、冰岛和英国之间的某个地方，在法罗群岛之中。

17世纪，地图绘制者约安·布劳将所有推测全盘推翻，在据说是该岛所在地的位置留下一片空白。

不过，零星分布在古代著作中的众多记载和五花八门的假设依然让图勒岛的神话生机勃勃。在航海家、地图绘制者和宇宙志学者的想象中，图勒在很长时间里都是世界尽头的终点，永远沉浸在半明半暗的光线与和谐的轰鸣声中，这座岛属于没有墓碑的亡灵，是一片无根之土。

致　谢

探访奇境之国的漫漫之旅走到了终点，在此诚挚感谢我的编辑瓦莱丽·迪梅热陪伴我走完这趟穿越时空的美妙旅程，也感谢她为这个项目倾注的大量心血。我还要感谢卡利纳·多·瓦勒高效且珍贵的合作，也感谢卡琳·朵琳-弗罗热精彩绝伦的创意工作。最后，我还要全心全意地感谢斯特法妮日复一日的陪伴、她的微笑和始终不断的鼓励。感谢这四位，没有你们，根本不会有这本书。

注　释

1. 若阿基姆·杜·贝莱（Joachim du Bellay，1522—1560），七星诗社重要成员，主要诗集有《罗马怀古》和《悔恨集》。
2. 原文为"东至科尔基斯、好客海和赫斯珀里得斯圣园"，但根据下文和资料考证，赫斯珀里得斯圣园在极西之地，疑为原文笔误。好客海是黑海的古称。
3. 弥诺陶洛斯（希腊语：Μῑνώταυρος，字面意思为"弥诺斯的牛"，弥诺斯是克里特国王），古希腊神话中的半人半牛怪物，住在迷宫里，以犯人和雅典城进贡的童男童女为食。英雄忒修斯自愿作为童男之一前往迷宫除掉这个怪物。弥诺斯的女儿阿里阿德涅爱上了忒修斯，为使爱人免于一死，她给了忒修斯一个线团，使他可以标记走过的路。最后，忒修斯成功地在迷宫中找到了弥诺陶洛斯并将其杀死，领着其他人走出了迷宫。
4. 此处原文疑有误，希腊神话中的女巫喀尔刻住在艾尤岛，女海神住在奥杰吉厄岛，二者都是奥德修斯即前文引用诗中尤利西斯十年归乡途中遇到的女性。后文的"奥杰吉厄岛"一篇也明确表示奥杰吉厄岛上居住的是女海神。
5. 巴巴里是16世纪至19世纪的欧洲人对马格里布的称呼，即北非的中部和西部沿海地区，相当于今天的摩洛哥、阿尔及利亚、突尼斯和利比亚。
6. "半人半牛的怪物"即弥诺陶洛斯，帕西淮是弥诺斯之妻，代达罗斯是古希腊神话中的能工巧匠。海神波塞冬曾赐给弥诺斯一头白色公牛，弥诺斯本应献祭这头公牛，但献祭了另一头牛。为了惩罚弥诺斯，波塞冬使帕西淮爱上了这头公牛，生下了弥诺陶洛斯。后来公牛发疯，横行于克里特岛，造成了很大危害，英雄赫拉克勒斯前往克里特岛，制服了它。
7. 荷马在《伊利亚特》和《奥德赛》中多次使用"亚该亚人"来代指希腊人。
8. 赫西俄德（希腊语：Ἡσίοδος），古希腊诗人，可能生活在公元前8世纪到公元前7世纪，著有《神谱》，是现存最早的古希腊诗歌之一。
9. 赫西俄德在《神谱》中首次提到这个神话：泰坦巨神克罗诺斯（希腊语：Κρόνος）是天神乌拉诺斯与大地女神盖亚的孩子，乌拉诺斯将盖亚最小的孩子藏匿起来，盖亚因此造出一把镰刀，克罗诺斯用这把镰刀割断了乌拉诺斯的阳具，将其扔进大海，周围的海面上随即泛起许多形似珍珠的白色泡沫，爱神阿弗洛狄忒就诞生于其中。后文的柯罗诺斯（希腊语：Χρόνος）是古希腊神话的原始神之一，司掌时间。
10. 希罗多德（希腊语：Ἡρόδοτος，约前484—前425），古希腊作家，他把旅行中的所见所闻和波斯阿契美尼德帝国的历史记录在了《历史》一书中，是西方文学史上第一部完整流传下来的散文作品。
11. 让-安托万·华托（Jean-Antoine Watteau，1684—1721），法国洛可可时期代表画家。

| 注 释

12 老彼得·勃鲁盖尔（Pieter Bruegel de Oude，约1525—1569），文艺复兴时期画家，因其村庄与农民景象的画作而闻名。

13 卡吕普索（希腊语：Καλυψώ）是古希腊神话中的海之女神，在荷马的史诗《奥德赛》中，她曾将尤利西斯软禁在奥杰吉厄岛长达七年，但身为凡人的尤利西斯一心重返妻子佩涅洛佩身边。他的守护神雅典娜请求宙斯的帮助，宙斯于是派赫尔墨斯前往奥杰古厄岛，命令卡吕普索释放尤利西斯，尤利西斯最终重新踏上归途。

14 维克多·贝拉尔（Victor Bérard，1864—1931），法国外交官和政治家，因其关于希腊和《奥德赛》的研究著作而闻名。

15 海因里希·施里曼（Heinrich Schliemann，1822—1890），德国商人、考古学先驱，曾在希沙立克遗址进行多次考古发掘工作。

16 布尔纳巴希和希沙立克均位于今土耳其境内。

17 在古希腊神话中，帕里斯是特洛伊国王普里阿摩斯之子，他掳走了斯巴达国王墨涅拉俄斯之妻海伦。墨涅拉俄斯是阿伽门农的兄弟，二人召集几乎所有希腊国王对特洛伊宣战。安德洛玛刻是赫克托尔之妻，赫克托尔也是普里阿摩斯之子，他在特洛伊战争中被阿喀琉斯杀死。希腊联军打造了一只巨大的木马，佯装投降，将士兵装在木马内献给了特洛伊人，进入特洛伊城的联军随即攻陷了特洛伊城。卡珊德拉是特洛伊的公主和先知，她预言了特洛伊城的沦陷，但受到诅咒，没有人相信她。

18 根据《埃涅阿斯纪》的记载，特洛伊沦陷后，特洛伊国王普里阿摩斯的侄子埃涅阿斯流亡至亚平宁半岛中部的拉丁姆地区，娶拉维尼娅公主为妻，引发了周边城邦的战争。战后他们的儿子西尔维乌斯建立新城阿尔巴隆迦，罗马的建立者罗姆卢斯就是阿尔巴隆迦王族的后裔。

19 歌革和玛各（希伯来语：גּוֹג וּמָגוֹג；阿拉伯语：يَأْجُوجُ وَمَأْجُوجُ；英语：Gog and Magog），《圣经》中反抗基督的领袖、黑暗力量的统治者，居住在北方的极处。

20 纪尧姆·德·鲁布鲁克（Guillaume de Rubrouck，1220—1293），又称鲁不鲁乞，著有《东行纪》，法国国王路易九世曾在1253年派他前往亚洲。

21 若望·孟高维诺（Giovanni da Montecorvino，1247—1328），在中国和印度建立了最早的天主教机构，是中国天主教历史上的第一位主教。

22 尼科洛·波罗（Niccolò Polo）和马菲奥·波罗（Maffeo Polo）是兄弟，马可·波罗（Marco Polo）是马菲奥的儿子。

23 弗朗西斯科·皮萨罗（Francisco Pizarro，1471—1541），西班牙早期殖民者，他开启了西班牙征服南美洲的时代，是今秘鲁首都利马的建立者。

24　弗朗西斯科·德·奥雷利亚纳（Francisco de Orellana，1511—1546），西班牙早期探险家，他是航行亚马孙河全境的第一人。

25　帕依提提（Paititi）是传说中的印加失落之城，据说它位于安第斯山脉以东，隐藏在秘鲁东南部、玻利维亚北部或巴西西北部的偏远热带雨林中。

26　若望·柏朗嘉宾（Giovanni da Pian del Carpine，1180—1252），天主教方济各会修士，1245年，他奉教皇英诺森四世之命前往蒙古帝国，是第一个到达蒙古宫廷的欧洲人。

27　鄂多立克（Odorico da Pordenone，约1286—1331），方济各会托钵僧，中世纪著名旅行家，著有《鄂多立克东游录》。

28　马丁·贝海姆（Martin Behaim，1459—1507），德国地理学家、天文学家，他设计制作了世界上现存最古老的地球仪。

29　此处应指安布罗乔·孔塔里尼（Ambrogio Contarini，1429—1499），威尼斯贵族、商人和外交官，因其前往伊朗的旅行而闻名。

30　马丁·费尔南德斯·德·恩西索（Martín Fernández de Enciso，1470—1528），西班牙地理学家、航海家，他在殖民今巴拿马地峡过程中发挥了重要作用。

31　波洛尼诺·扎尔蒂耶里（Bolognino Zaltieri），生卒年不详，一般认为是16世纪威尼斯的一名印刷商和出版商。

32　路易斯·特谢拉（Luís Teixeira），葡萄牙人，生卒年不详。他是一名制图师和数学家，他的两个儿子也是制图师。

33　秋水仙的法文名（colchique）和拉丁文学名（*Colchicum autumnale*）均源自"科尔基斯"（Colchide）一词。

34　在古希腊神话中，五十来名英雄与伊阿宋一同乘"阿尔戈号"快船前往科尔基斯取金羊毛。

35　赫勒斯滂（Hellespont），字面意思是"赫勒之海"，即今天的达达尼尔海峡。

36　鲁德亚德·吉卜林（Rudyard Kipling，1865—1936），生于印度孟买，英国记者、作家、诗人，是19世纪末和20世纪初英国最受欢迎的作家之一。他在1888年发表了《国王迷》，1975年，这部作品被改编为同名电影。

37　斯特拉波（希腊语：Στράβων，前64—公元23），古希腊历史学家、地理学家，曾生活在小亚细亚。

38　马尔马拉海古称，疑似有误，根据现代地图，此处应为亚速海。

39　麦加斯梯尼（希腊语：Μεγασθένης，前350—前290），古希腊历史学家、外交官，曾游历印度，是第一个记载印度历史的希腊人。

40 路易九世(Louis IX, 1214—1270),卡佩王朝法兰西国王,在位超过43年,天主教会在1297年封他为圣人。

41 利奥·阿非利加努斯(Leo Africanus, 1494—1554),又译"非洲的利奥""非洲人利奥",文艺复兴时期的欧洲旅行家。原名哈桑·瓦赞,是出生于西班牙王国格拉纳达的摩尔人,因广泛游历非洲北部而得名"阿非利加努斯","阿非利加努斯"在拉丁文中的意思是"非洲人、非洲的"。

42 伊德里西(Muhammad al-Idrisi, 1100—1165),阿拉伯地理学家、制图师和埃及学家,曾在西西里国王鲁杰罗二世的宫廷停留一段时间,在此期间他绘制了"鲁杰罗地图",被认为是最详尽的中世纪世界地图之一。

43 博韦的樊尚(Vincent de Beauvais, 1190—1264),法国人,多明我会修士,也是一位博学多识的学者,他编著了中世纪时期最大的一部百科全书《大宝鉴》。

44 约翰内斯·德·萨克罗博斯科(Johannes de Sacrobosco, 1195—1256),中世纪数学家、天文学家,月球上的萨克罗博斯科环形山就以他为名。

45 布鲁内托·拉蒂尼(Brunetto Latini, 1220—1294),意大利贵族、哲学家、学者、政治家,对意大利诗歌的兴起和但丁有重要影响。

46 卢西塔尼亚(Lusitania),包括今葡萄牙和西班牙的一部分,常作为葡萄牙的别称。

47 阿尔维塞·卡达·莫斯托(Alvise da Ca'da Mosto, 1432—1488),文艺复兴时期的航海家、探险家,曾效力于葡萄牙王国,在非洲西海岸区域进行探险活动。1456年,他和同伴安东涅托·乌索迪玛雷(Antoniotto Usodimare, 1416—1462)发现了佛得角。

48 吉尔·埃阿尼什(Gil Eanes),15世纪葡萄牙航海家、探险家。1434年,他成功穿越危险的博哈多尔角并返回,标志着欧洲人攻克了地理大发现道路上十分关键的一个难关。

49 若昂·德·巴罗斯(João de Barros, 1496—1570),葡萄牙早期最伟大的历史学家之一,他的著作《亚洲十年》介绍了葡萄牙人在当时的印度、亚洲和非洲东南部的历史。

50 菲利波·皮加费塔(Filippo Pigafetta, 1533—1604),意大利数学家、探险家,著有《刚果王国记事》。

51 加布里埃尔·德·富瓦尼(Gabriel de Foigny, 1630—1692),据说曾是一名方济各会修士,但后来离开了教团,《已知的南方土地》于1676年在日内瓦出版。

52 西西里的狄奥多罗斯(希腊语:Διόδωρος Σικελιώτης),公元前1世纪古希腊历史学家,生卒年不详,著有《历史丛书》。

53 舍恩(schène),古埃及长度单位,具体长度在历史上有所变化,1舍恩从5 920米到11 520米不等。

54 杜阿尔特·帕谢科·佩雷拉（Duarte Pacheco Pereira，1460—1533），文艺复兴时期葡萄牙航海家、探险家、制图师，曾前往佛得角以西的大西洋中部、非洲西海岸和印度，在战略战争、探险、数学和天文学方面成就瞩目。

55 格奥尔格·施魏因富特（Georg Schweinfurth，1836—1925），德国民族学家、博物学家，曾多次前往非洲考察。

56 儒勒·凡尔纳（Jules Verne，1828—1905），法国小说家、剧作家、诗人，现代科幻小说的重要开创者之一，代表作有《海底两万里》《地心游记》。

57 《自由射手》是韦伯的作品，原文如此，疑似有误。

58 《圣经》记载诺亚有三子：闪、含和雅弗。大洪水之后，他们的后裔分散在世界各地。闪的后裔即亚洲的黄种人，含的后裔即非洲的黑种人，雅弗的后裔则是欧洲的白种人。因此欧洲文献中常用"含的领土"指代非洲。

59 基督一性论是基督教神学理论之一，认为基督获得肉身之后的人性和神性是不可分的统一体，基督即神。与之相对的基督二性论则认为基督是神，也是具有肉体凡胎的人。

60 雅赫维是《旧约》中以色列人对造物主、最高主宰和宇宙创造者的称呼，后转写为耶和华，被基督教传统沿用。

61 约翰·斯皮克（John Speke，1827—1864），英属印度陆军军官、探险家，曾经多次前往非洲探险，当中以探索尼罗河的源头最为闻名。他在第二次探索尼罗河的途中遇到了塞缪尔·贝克和他的"妻子"弗洛伦丝（一名被他从奴隶市场救出的奴隶）。塞缪尔·贝克（Samuel Baker，1821—1893）是英国探险家、博物学家、工程师、作家、军官、废奴主义者。

62 尼德兰联省共和国，俗称荷兰共和国，是1581年至1795年间存在于荷兰和比利时北部地区的一个国家，这段时期也是著名的荷兰黄金时代。

63 阿隆索·德·埃尔西利亚·伊·苏尼加（Alonso de Ercilla y Zúñiga，1533—1594），文艺复兴时期的西班牙诗人。16世纪50年代，他以军人的身份参加了西班牙征服阿劳加印第安人的战争。在阿劳卡尼亚和秘鲁作战期间，他被阿劳加人英勇不屈的反抗精神感动，创作了史诗《阿劳加纳》。

64 奥雷利-安托万·德·图南（Orélie-Antoine de Tounens，1825—1878），法国律师、探险家，受《阿劳加纳》影响对阿劳卡尼亚充满向往，遂前往南美探险。

65 托马斯·莫尔（Thomas More，1478—1535），英格兰政治家、作家、哲学家与空想社会主义者，1516年创作《乌托邦》一书，此书对社会主义思想的发展影响深远。

66　特诺奇提特兰（Tenochtitlan）是墨西哥特斯科科湖中一座岛上的古都遗址，面积约13平方千米，现位于墨西哥城地下，曾是阿兹特克帝国最繁荣的城市之一。

67　乌戈·普拉特（Ugo Prat，1927—1995），意大利漫画家，代表作是以科多·马尔特斯为主人公的"七海游侠"系列。

68　欧里庇得斯（希腊语：Εὑριπίδης，前480—前406），与埃斯库罗斯和索福克勒斯并称为希腊三大悲剧大师，代表作有《美狄亚》《希波吕托斯》《特洛伊妇女》。

69　阿里安（希腊语：Ἀρριανός，约86—146），希腊历史学家、哲学家，著有描述亚历山大大帝功勋的《亚历山大远征记》。《亚历山大远征记》描写了亚历山大大帝东征作战的过程，其主要参考史料来自亚历山大的史官阿里斯托布鲁斯的记录，被认为有较高的可信度。

70　普鲁塔克（希腊语：Πλούταρχος，约46—120），希腊作家，哲学家，历史学家，代表作《希腊罗马名人传》。

71　路易-安托万·德·布干维尔（Louis-Antoine de Bougainville，1729—1811），法国海军上将、探险家。他曾参与英国和法国在北美爆发的印第安人战争。1764年，他在福克兰群岛建立了一个小型法国殖民地，巴布亚新几内亚的布干维尔岛也因他而得名。1771年，布干维尔出版《环球纪行》，将塔希提岛描绘成一座远离尘世的人间天堂。

72　弗朗索瓦·费奈隆（Francois Fenelon，1651—1715），法国古典主义的代表人物之一，代表作《忒勒马科斯历险记》，讲述了尤利西斯之子忒勒马科斯和他的导师经历的一次旅行。

73　埃里亚努斯（Aelianus，170—235），古罗马修辞学家，著有《论动物的特性》《杂闻轶事》等，其作品常为后世伦理学者所引用。

74　塞奥彭普斯（希腊语：Θεόπομπος，前380—前315），希腊历史学家、演说家。

75　欧赫迈罗斯（希腊语：Εὑήμερος），生卒年不详，古希腊神话学家，著有《圣史》。

76　斯塔德是古希腊长度单位，约合180米，原指约180米长的跑道或180米长跑道的运动场。

77　琉善（Lucian，约125—180），古罗马讽刺作家、无神论者。

78　迪耶普（Dieppe），法国北部城市。

79　巴达维人（Batavi）是古罗马时代生活在莱茵河三角洲的一支日耳曼人部落，他们生活的地方被罗马人称作"巴达维亚"（Batavia）。巴达维人在文艺复兴时代被认为是荷兰人的祖先，因此荷兰人自称巴达维亚人，荷兰的许多殖民地也因此被称作"巴达维亚"。

80　品达（希腊语：Πίνδαρος，约前518—前438），古希腊抒情诗人，是后世公认的古希腊九大抒情诗人之首。

81　琉刻（希腊语：Λεύκη），古希腊神话中的一位海中仙女，是海洋之神俄刻阿诺斯与沧海女神忒堤斯的女儿。传说冥王哈迪斯曾将琉刻带往至福岛，在琉刻因忧郁而死之后，哈迪斯将她变成了白杨树作为纪念，因此琉刻也是白杨树女神。

82 赫斯珀拉岛（Hespera）与赫斯珀里得斯圣园（Hespérides）的词源均为拉丁文Hesperos，意思是"西方"。

83 此处疑似原文有误，应为威廉·斯科特-艾略特（William Scott-Elliot，1849—1919），东印度公司的商人、人类学研究爱好者，著有《人类的进化》《失落的利莫里亚》等作品。

84 詹姆斯·丘吉沃德（James Churchward，1851—1936），英国神秘学者，著有《遗失的姆大陆之谜》。

85 海伦娜·布拉瓦茨基（Helena Blavatsky，1831—1891），俄国作家，神智学理论的开创者，于1875年创立了神智会。根据布拉瓦茨基的理论，宇宙由七代根源种族构成，其中第三代根源种族居住的地方即利莫里亚大陆。布拉瓦茨基推测这片大陆就是今天的澳大利亚和拉伯努伊岛（即复活节岛）一带。

86 儒勒·埃尔曼（Jules Hermann，1845—1924），法国历史学家、诗人。

87 皮西亚斯（希腊语：Πυθέας），生卒年不详，古希腊地理学家、探险家，他在公元前325年左右出海探索欧洲西北部，足迹遍布大不列颠岛，是第一个记载极昼、极冠和日耳曼民族的人。

图书在版编目（CIP）数据

奇境之国 /（法）多米尼克·拉尼著；（法）卡琳·朵琳-弗罗热绘；陈阳译. -- 北京：北京联合出版公司，2023.6
（诗意图鉴）
ISBN 978-7-5596-6854-7

Ⅰ. ①奇… Ⅱ. ①多… ②卡… ③陈… Ⅲ. ①名胜古迹—世界—通俗读物 Ⅳ. ①K917-49

中国国家版本馆CIP数据核字(2023)第062441号

Atlas des contrées rêvées
By Dominique Lanni
Graphic design and illustrations by Karin Doering-Froger
Copyright © Flammarion, Paris, 2015
All rights reserved.
This copy in simplified Chinese can be distributed and sold in PR China only, excluding Taiwan, Hong kong and Macao.
Simplified Chinese edition copyright © 2023 by GINKGO (BEIJING) BOOK CO., LTD.

本书中文简体版权归属于银杏树下（北京）图书有限责任公司
地图审图号：GS（2022）2650号
北京市版权局著作权合同登记 图字：01-2022-3702

诗意图鉴：奇境之国

著　　者：［法］多米尼克·拉尼　　［法］卡琳·朵琳-弗罗热
译　　者：陈　阳
出 品 人：赵红仕
选题策划：银杏树下
出版统筹：吴兴元
编辑统筹：郝明慧
特约编辑：荣艺杰
责任编辑：牛炜征
营销推广：ONEBOOK
装帧制造：墨白空间·王莹

北京联合出版公司出版
（北京市西城区德外大街83号楼9层　100088）
后浪出版咨询（北京）有限责任公司发行
天津图文方嘉印刷有限公司　新华书店经销
字数129千字　787毫米×1092毫米　1/16　9.5印张　印数5000
2023年6月第1版　2023年6月第1次印刷
ISBN 978-7-5596-6854-7
定价：118.00元

后浪出版咨询(北京)有限责任公司　版权所有，侵权必究
投诉信箱：copyright@hinabook.com　　fawu@hinabook.com
未经书面许可，不得以任何方式转载、复制、翻印本书部分或全部内容
本书若有印、装质量问题，请与本公司联系调换，电话010-64072833

诗意图鉴系列 5 本

从神秘莫测的动植物到地球上不为人知的隐秘角落
诗意图鉴用细腻的手绘插图和优美的文字带领你探索
变幻万千的自然万物、文明古城的前世今生和尚未发掘的无人之地

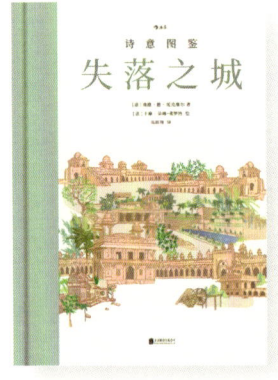